Trutz Hardo

Erlebe dein Jenseits

D1942031

TRUTZ HARDO

Erlebe DEIN JENSEITS

Einblick in vergangene Leben und jenseitige Erfahrungen

SILBERSCHNUR VERLAG

MIX
Papier aus verantwortungsvollen Quellen
FSC® C014138

Alle Rechte vorbehalten.
Außer zum Zwecke kurzer Zitate für Buchrezensionen darf kein Teil dieses Buches ohne schriftliche Genehmigung durch den Verlag nachproduziert, als Daten gespeichert oder in irgendeiner Form oder durch irgendein anderes Medium verwendet bzw. in einer anderen Form der Bindung oder mit einem anderen Titelblatt als dem der Erstveröffentlichung in Umlauf gebracht werden. Auch Wiederverkäufern darf es nicht zu anderen Bedingungen als diesen weitergegeben werden.

Copyright © 2017 Verlag »Die Silberschnur« GmbH

ISBN: 978-3-89845-571-8

1. Auflage 2017

Gestaltung & Satz: XPresentation, Güllesheim
Umschlaggestaltung: XPresentation, Güllesheim; unter Verwendung eines Motivs von © Pavlo Vakhrushev, © Julie, www.fotolia.com
Druck: Finidr, s.r.o. Cesky Tesin

Verlag »Die Silberschnur« GmbH · Steinstraße 1 · D-56593 Güllesheim
www.silberschnur.de · E-Mail: info@silberschnur.de

Inhalt

Einführung

Sehr verehrte Leserin und sehr verehrter Leser, gestatten Sie, dass ich Sie im Weiteren mit Du anrede, denn wir sind alles Gottes Töchter und Söhne, und deshalb sind wir alle Geschwister. Also, ich bin dein Bruder Tom, dessen Geburtsvorname allerdings Trutz-Hardo lautet. Jeder kann mich duzen. Ich könnte auch alle meine Geschwister umarmen.

Mit diesem Buch wird dir etwas ganz Besonderes, ja wohl bisher Einmaliges präsentiert. Denn mit der hinten beigefügten CD und den im CD-Text gegebenen Angaben kannst du wahrscheinlich das vor dem heutigen Leben gelebte Erdenleben in allen Einzelheiten wiedererleben - samt deiner Rückkehr in die geistige Welt, also das Jenseits. Du kannst dann erkennen, wie es dort aussieht, wen du wiedertriffst, was du alles über dich erfährst. Und das ganz Besondere besteht darin, dass du wahrscheinlich einen guten Einblick in die dort vorgenommene Planung deines heutigen Lebens erhalten kannst, um auch zu sehen, inwieweit du dieser bisher gefolgt bist oder ob du hinterherhinkst oder gar abgewichen bist.

Bei dem Aufsuchen des Lebens, das deinem heutigen vorausging, wirst du begleitet von deinem Höheren Selbst. Dieses bist du selbst in deiner Allwissenheit und göttlichen Ganzheit. Man könnte dieses folgendermaßen beschreiben: Es ist wie eine Zentralsonne jenseits von Zeit und Raum. Von ihm seitlich ausgehend befindet sich eine unsichtbare Schnur, die sich auf der anderen Seite wieder mit ihm vereinigt. An dieser Schnur sind viele Perlen aufgereiht. Jede dieser Perlen ist eines deiner Erdenleben. Wir jedoch befinden uns in Raum und Zeit. Das Höhere Selbst erlebt unsere Inkarnationen alle gleichzeitig. Es freut sich, wenn wir uns mit ihm bewusst verbinden. Es ist uns dann auch gerne behilflich, höhere Erkenntnisse zu gewinnen, aber auch zu erkennen, wie unsere Leben mit dem heutigen zusammenhängen. Das Höhere Selbst kann sich auch, wenn wir es uns besser vorstellen wollen, als ein Engel oder als ein Helfer beziehungsweise Geistführer zeigen. Es wird dich ab dem Wolkenbett, das später auszusuchen ist, an die Hand nehmen, dich zum Wolkentor geleiten und dich in das dem heutigen vorausgegangene Leben führen. Es begleitet dich dort unsichtbar, doch vor allem vor dem Wolkentor - wenn nicht gar beim Erkunden jenes Lebens - kannst du es befragen nach allem, was du über dich wissen willst, vor allem über das, was sich aus dem vorausgegangenen Leben und dem heutigen ergibt, sind doch beide Leben noch relativ eng miteinander verbunden. Vieles von dem, was wir damals erlebt haben, manifestiert sich noch im heutigen Leben, sei es das etwas veränderte Aussehen, unser Verhalten, unsere Vorlieben und Abneigungen, unsere Glaubensvorstellungen, die Ablehnung von oder Zuneigung zu Personen wie auch verschiedene Symptome, handele es sich dabei um Ängste, Phobien, körperliche Schmerzen oder sogar Geburtsmale.

Es empfiehlt sich, die CD zuerst ein oder sogar mehrere Male anzuhören. Nicht jeder wird gleich beim ersten Mal viel erleben können - im Gegensatz zu anderen, die schon beim ersten Anhören viel von ihrem früheren Leben und dem anschließenden Jenseits in Erfahrung bringen können. Vielleicht haben diese schon öfter meditiert oder sind selbst medial veranlagt, ohne es eigentlich wissen zu müssen. Frauen haben es meist einfacher als Männer, tief in den Alphazustand zu gelangen und dementsprechend alles genauer wahrzunehmen, da sie mehr vom Gefühl und der Intuition geleitet sind als Männer, die sich zumeist vom kritischen und abwägenden Verstand bestimmen lassen.

Zuerst wirst du also in den sogenannten Alphazustand versetzt, einen Zustand, der sich zwischen dem Wach- und dem Schlafzustand befindet. Denn du sollst ja nicht einschlafen, weshalb es sich empfiehlt, sich diese CD nicht anzuhören, wenn man müde oder erschöpft ist. Man kann sich bequem hinsetzen oder noch besser sich auf den Rücken legen. Es sollten keine Ablenkungen vorhanden sein, also Klingel, Handy, Telefon abstellen und mögliche Störungen von Katze, Hund, Fliegen oder Stimmen von anderen vermeiden. Manche mögen eine für Meditationen geeignete leise Musik als Überdeckung von anderen Geräuschen oder als Vertiefungsmöglichkeit einstellen. Diese von mir besprochene CD hat eine Länge von etwas mehr als einer Stunde. Danach empfehle ich, dir Stichworte des Erlebten aufzuschreiben. Denn mit jedem wiederholten Anhören wirst du immer weitere Einzelheiten erfahren. Und solltest du auch deinen früheren Namen, den Ort, das Geburtsdatum herausfinden, dann kannst du mal nachforschen. Du könntest den Ort, dein damaliges Geburtshaus oder auch das Haus, in dem du länger gelebt hast, aufsuchen. Du kannst auch in einem Geburts- oder Taufregister mal nachschauen, so dass du dir darüber Gewissheit verschaffen kannst, ob deine Erlebnisse, die du beim Anhören dieser CD hattest, auch mit der Realität übereinstimmen. Je öfter du dir diese CD anhörst, desto tiefer wirst kommen und desto deutlicher wirst du alles erfahren. Zum gesprochenen Text, wenn es in das aufzudeckende Leben geht, werde ich einige Anmerkungen beifügen, da es ergänzende Hinweise gibt, um noch mehr zu erfahren. Denn du kannst an gewissen Stellen die Aufnahme anhalten und selbst Wünsche äußern, was du zusätzlich sehen und erleben möchtest. Um die CD zu stoppen, benötigst du ein Wiedergabegerät, das durch Knopfdruck anzuhalten und dann wieder anzustellen ist. Es gibt dazu verschiedene Möglichkeiten. Entweder platziert du neben dir einen CD-Player oder sogar einen Computer oder ein anderes brauchbares Gerät - vielleicht samt Bedienungsschalter oder gar einer Fernbedienung. Am praktischsten ist es aber, sich ein kleines Diktiergerät zu besorgen, auf das der Text aufgenommen wird. Mit diesem Gerät ist es einfach, den Ton anzuhalten und dann wieder einzuschalten. Und natürlich musst du dir Kopfhörer aufsetzen.

Dieses Drücken auf den betreffenden Knopf muss bei geschlossenen Augen geschehen, um nicht aus dem Alphazustand herauskatapultiert zu werden, obwohl wir bei dieser Rückführung ein doppeltes Bewusstsein haben. Wir sind dort, wo wir das vergangene Leben erkunden, wissen aber auch, dass wir gerade die CD anhören. Beim Liegen wäre es am besten, wenn du die elektrische Bedienung unter der Hand neben dir platzierst. Sobald die CD abgestellt ist, kannst du genauer und ausgiebiger die sich zeigende Situation ansehen. Und wenn du alles, was du wissen wolltest, erkundet hast, drücke wieder auf den Knopf und lasse dich von meiner Stimme zum nächsten Ereignis führen. Solltest du schon beim Aufdecken der Ereignisse viel erlebt und lange Zeit gebraucht haben und möchtest du jetzt schon wieder zurückkehren, dann drücke auf Stillstand und sage dir Folgendes: "Ich zähle gleich von einundzwanzig bis fünfundzwanzig, dann öffne ich meine Augen, kann mich an alles erinnern und fühle mich sehr, sehr wohl. 21, ich bewege meine Zehen, 22, ich bewege meine Finger, 23, ich bewege meine Knie, 24, ich bewege meine Arme, 25, ich öffne meine Augen." Wenn du zum Beispiel nur zwei Stunden Zeit für solch eine Reise in das vergangene Leben hast und dann unbedingt wieder ganz wach sein musst, um anderem nachzugehen, dann kannst du auch einen Wecker oder eine Küchenuhr stellen, so dass du weißt: 'Jetzt muss ich zurückkehren.' Zähle aber dann trotzdem von 21 bis 25, bevor du wieder die Augen öffnest. Solltest du während des vertieften Anhörens auf die Toilette gehen müssen, dann schalte das Gerät ab und begib dich dorthin. Wenn du zurückgekehrt bist, gibt es zwei Möglichkeiten, um wieder ganz tief in den Alphazustand zu gelangen. Entweder hörst du dir den gesprochenen Text samt der Induktion, also des Hineingeführtwerdens in den Alphazustand, wieder von vorne an, bis du zu jener Stelle gekommen bist, an der du das Anhören gestoppt hast, und gehst dann zum nächsten Ereignis. Am besten ist es jedoch, wenn du vor dem Beginn einer solchen Rückführung auf die Toilette gegangen bist, um eine Irritation zu vermeiden. Du kannst aber nach der Rückkehr von der Toilette, wenn du deine entspannte Position wieder eingenommen und die Augen geschlossen hast, Folgendes sagen: "Ich zähle jetzt von 10 bis 1, und bei 1 befinde ich mich wieder in einem tiefen Alphazustand." Und dann lasse den Text ab der Stelle wieder laufen, an der du unterbrochen hattest.

Erst wenn es in das frühere Leben geht, werde ich an bestimmten Stellen Anmerkungen in normaler Schrift hinzufügen, die man beim wiederholten Anhören der CD dann auch anwenden könnte. Diese Anmerkungen sind nur angedeutete Hinweise zu dem, was man sich nach dem Anhalten der Aufnahme noch zusätzlich ansehen oder was man erfahren möchte. Die dann möglichen Hinweise werde ich jeweils kursiv setzen, während Erklärungen weiterhin in der normalen, nicht fetten Schrift stehen. Also nochmals zusammengefasst:

Fette Schrift = **der auf der CD befindliche und von mir gesprochene Text.** Normale, nicht fette Schrift = Erklärungen und Hinweise, Kursive Schrift = *Formulierungen, um bestimmte Ereignisse oder Situationen noch genauer zu verfolgen.*

Diesem Buch ist ein zweiter Teil angeschlossen, der Berichte von anderen wiedergibt, die ihre Jenseitserlebnisse veröffentlicht haben. Ein dritter Teil gibt Forschungsergebnisse wieder, was Wissenschaftler über das Jenseits herausgefunden haben.

1.Teil

Deine eigenen Erlebnisse

Die Induktion in den Alphazustand

Schließe deine Augen. Atme einige Male kräftig aus und ein. Konzentriere dich ganz auf die Stimme, die nun zu dir spricht. Alle anderen Gedanken sind jetzt unwichtig. Alles, was jetzt gesagt wird, kannst du leicht in deiner Vorstellung umsetzten. Du wirst dich immer wohlfühlen. Und wenn du nachher wieder deine Augen öffnest, wirst du dich an alles Erlebte ganz genau erinnern können. Stelle dir vor, dass du an verschiedenen Stellen deines Körpers, die nacheinander bezeichnet werden, herunterzudrückende Lichtschalter hast. Wenn diese nach unten gedrückt werden, dann ist das Gefühl in jenem Körperteil ausgestellt. Und mit jedem Ausstellen eines Schalters fühlst du dich immer wohler und wohler.

Auf deinem rechten Fuß befindet sich solch ein weißer Lichtschalter. Dieser ist zuständig für deinen rechten Fuß. Wenn du ihn gleich nach unten geschaltet hast, dann spürst du deinen ganzen Fuß nicht mehr. Jetzt kannst du noch deine Zehen bewegen. Mit deiner Astralhand – die Hand deines unsichtbaren Astralkörpers – gehe nun dahin und schalte diesen Schalter aus. Jetzt merkst du deinen rechten Fuß nicht mehr. Und oberhalb deines rechten Knies befindet sich solch ein weißer Schalter. Dieser ist zuständig für dein ganzes rechtes Bein. Und nun schalte ihn auf "Aus". Du spürst nun dein ganzes rechtes Bein nicht mehr.

Auf deinem linken Fuß befindet sich ebenfalls solch ein weißer Lichtschalter. Dieser ist zuständig für deinen linken Fuß. Wenn du ihn gleich nach unten geschaltet hast, dann spürst du deinen ganzen Fuß nicht mehr. Jetzt kannst du noch deine Zehen bewegen. Mit deiner Astralhand reiche nun dahin und schalte diesen Schalter aus. Jetzt merkst du deinen linken Fuß nicht mehr. Und oberhalb deines linken Knies befindet sich ebenfalls solch ein weißer Schalter. Der ist zuständig für dein ganzes linkes Bein. Und nun schalte ihn auf "Aus". Jetzt spürst du dein ganzes linkes Bein nicht mehr.

Und du hast einen solchen weißen großen Schalter auf deinem Bauchnabel. Dieser ist zuständig für den Unterleib und den Bauch. Erst wenn ich sage "Jetzt!", dann schaltest du ihn von "An" auf "Aus". Denn wenn du ihn auf "Aus" geschaltet hast, arbeiten alle Funktionen deines Körpers darunter normal weiter. Und jetzt schalte ihn auf "Aus". Nun spürst du deinen Bauch und deinen Unterleib nicht mehr. Doch alle Funktionen deines Körpers arbeiten normal weiter.

Und auf deinem Brustkorb befindet sich solch ein großer weißer Schalter. Dieser Schalter ist zuständig für den ganzen Brustkorbbereich. Erst wenn ich sage "Jetzt!", dann schaltest du ihn von "An" auf "Aus". Denn wenn du ihn auf "Aus" geschaltet hast, arbeiten alle Funktionen deines Körpers darunter normal weiter. Und jetzt schalte ihn aus. Nun spürst du deinen Brustkorb nicht mehr, doch alle Funktionen deines Körpers arbeiten normal weiter.

Und du hast einen weißen Schalter in der rechten Armbeuge, zuständig für den ganzen rechten Arm, die Hand und die Finger. Jetzt kannst du noch die Finger bewegen. Doch nun strecke deine Astralhand dorthin und drücke den weißen Schalter von "An" auf "Aus". Jetzt spürst du den ganzen rechten Arm, die Hand und die Finger nicht mehr.

Und ein Gleiches führst du nun bei deinem linken Arm durch. Du schaltest nun den in der linken Armbeuge sich befindenden Schalter aus. Und jetzt spürst du den linken Arm, die Hand und die Finger dort nicht mehr.

Und auf deinem Nacken befindet sich ein weißer Schalter, zuständig für den ganzen Schulterbereich, den Hals und den Nacken. Dieser ist auch noch auf "An" gestellt. Und nun schalte ihn aus. Jetzt spürst du den Schulterbereich, den Hals und den Nacken nicht mehr. Aber alle Funktionen des Körpers gehen normal weiter.

Und du hast einen Schalter mitten auf der Stirn. Erst wenn ich sage "Jetzt!", dann schaltest du ihn aus. Denn wenn du ihn ausgestellt hast, arbeiten alle körperlichen Funktionen des Kopfes weiter. Und jetzt schalte ihn von "An" auf "Aus". So, jetzt spürst du den ganzen Kopf nicht mehr.

Und du hast einen sehr großen weißen Schalter auf dem Rücken. Dieser ist auch noch auf "An" gestellt. Er ist zuständig für den ganzen Rücken, vom Nackenwirbel bis hinunter zum Steißbein. Und jetzt schalte ihn auf "Aus". Nun spürst du deinen ganzen Rücken nicht mehr und fühlst dich sehr, sehr wohl.

Doch mitten auf deinem Kopf befindet sich der große Zentralschalter. Erst wenn ich sage "Jetzt!", dann drückst du ihn auf "Aus". Dann spürst du deinen ganzen Körper nicht mehr. Aber alle Funktionen deines Kopfes arbeiten normal weiter Und jetzt schalte ihn auf "Aus". Jetzt spürst du deinen ganzen Körper nicht mehr. Doch alle Funktionen des Körpers arbeiten normal weiter. Du fühlst dich sehr, sehr wohl.

Der Gang über die Wiese

Und auf einmal befindest du dich auf einer schönen Blumenwiese. Du schaust auf deine Füße hinunter und gehst jetzt Schritt für Schritt in sie hinein. Die Sonne scheint, und du fühlst dich sehr wohl, hier zu sein. Vögel zwitschern, Schmetterlinge flattern um dich herum. Und du streckst deine rechte Hand aus. Und zwei von ihnen lassen sich auf deiner Hand nieder. Du fühlst ihre Füßchen, und du ziehst deine Hand näher an deine Augen heran und betrachtest dir diese beiden Schmetterlinge ganz genau. Du besiehst dir die Flügel, den Rumpf, die Beinchen, den Kopf. Und jetzt fliegen sie wieder davon. Du fühlst dich sehr, sehr wohl. Und eine der Blumen fällt dir ganz besonders auf. Du gehst jetzt zu ihr hin. Dort angekommen, bückst du dich, berührst mit deinen Händen den Stiel, mit deinen Fingern streichst du über die grünen Blätter und mit einem Finger berührst du sanft die Blütenblätter. Jetzt bückst du dich über die Blume und riechst an ihr. Und wenn sie riecht, dann nimmst du auch ihren Duft wahr. Und du erhebst dich wieder und gehst weiter über diese schöne Wiese.

Und du vernimmst mit einem Male ein Plätschern. Du wendest dich zur Seite und entdeckst, wie eine Quelle aus dem Boden hervorsprudelt. Du gehst zu ihr hin. Dort angekommen, bückst du dich und trinkst von diesem warmen Quellwasser. Du löschst erst mal deinen ganzen Durst. Und du merkst, wie sich eine angenehme Wärme in deinem Magen ausbreitet. Und mit einem Male weißt du: Das ist Heilenergie. Und du trinkst noch mehr von diesem warmen Heilwasser. Und du erhebst dich wieder und gehst weiter über diese schöne Blumenwiese. Du fühlst dich sehr, sehr wohl.

Das Schweben zum Wolkenbett

Und mit einem Male entdeckst du, wie von allen Seiten rosa Wolken auf dich zukommen. Nun hüllen sie dich in angenehmster Weise ein. Und auf einmal schwebst du mit ihnen. Du hast ein Gefühlt von Leichtigkeit, Sicherheit und Freude. Und du entdeckst zu deiner Linken, wie ein goldener Strahl durch die Wolken hindurchscheint. Und dieses Gold vermischt sich mit dem Rosa der Wolken, so dass ein wunderbares Farbenspiel entsteht. Und du spürst nun, wie diese goldenen Strahlen in angenehmster Weise auch deinen Körper berühren. Ja, du fühlst, wie sie sogar in dich hineingehen und dir dort ein Gefühl geben von Liebe, Freude, Heilkraft, Selbstsicherheit und Harmonie. Und du weißt mit einem Male: Das ist göttliche Energie. Diese goldenen Strahlen müssen aus einer göttlichen Quelle kommen. Und dein ganzer Körper wird nun angefüllt mit göttlicher Energie. Und du bemerkst zu deiner Rechten, wie die Wolken ein Wolkenbett genau passend für deine Größe geformt haben. Und du zögest nicht. Du legst dich nun in dieses Wolkenbett. Du schließt deine Augen. Die goldenen Strahlen hüllen dich ein und beschützen dich. Und du fühlst dich sehr, sehr wohl.

Dein Höheres Selbst ist nun bei dir, das alles über dich weiß. Es kann sich dir als Engel zeigen oder bleibt unsichtbar. Aber du spürst seine Gegenwart ganz genau. Und nun bitte dein Höheres Selbst, dich in das Leben zu führen, das du vor dem jetzigen auf Erden gehabt hattest. "Und sollte es kürzer als zwanzig Jahre gewesen sein, dann führe mich bitte außerdem noch in ein Leben davor. Aber ich möchte auf jeden Fall das Zwischenleben zwischen dem vorausgegangenen und dem heutigen Leben genau erleben."

Vor dem Wolkentor

Und das Höhere Selbst nimmt dich an die Hand. Ihr schwebt durch eine dünne Wolkenwand hindurch und überquert nun ein langes, breites Wolkenfeld ganz in Rosa und Gold.

Und vor dir erblickst du nun eine lange, breite Wolkenwand mit vielen, vielen Toren. Und du weißt mit einem Male, dass sich hinter jedem dieser Tore eines deiner früheren Leben befindet. Und mit einem Mal stehst du vor solch einem Tor. Du kannst es mit deinen Händen befühlen. Du weißt, wie es beschaffen ist.

Wichtig ist, dieses Tor genau wahrzunehmen und vielleicht sogar mit den Händen zu erspüren, wie es sich anfühlt oder aus welchem Material es wohl beschaffen ist. Wem das gelingt, der befindet sich auch im tiefen Alphazustand und wird keine Mühe haben, das hinter dem Tor liegende Leben genau zu erkunden.

Und das Höhere Selbst vermittelt dir mittels der Telepathie: Wenn gleich bis drei gezählt worden ist, dann ist dieses Tor geöffnet, und du befindest dich dahinter in jenem Leben, das dem heutigen vorausgegangen ist. Du bist zuerst fünf Jahre alt und erlebst dich bei deinem schönsten Erlebnis.

Wir beginnen mit dem fünften Lebensjahr, da eine Seele sich dann schon leichter erinnern kann. Wir gehen in dieser Rückführung in schöne oder neutrale Erlebnisse hinein und nicht in schreckliche. Denn wenn solche aufgedeckt würden, müssten mit Hilfe eines Rückführungstherapeuten eventuelle Nachwirkungen genauer untersucht und aufgelöst werden.

Doch bevor bis drei gezählt wird, hier nimm dieses Fläschchen. Denn darin befindet sich eine Flüssigkeit, die es vermag, dass du gleich alles ganz genau wahrnehmen, fühlen und wissen kannst. Und du nimmst dieses Fläschchen, trinkst einen Schluck davon und reichst es dann zurück. Und du fühlst, wie sich in deinem Magen ein angenehmes Gefühl ausbreitet. Und du weißt, die Flüssigkeit beginnt schon zu wirken. Wenn jetzt gleich bis drei gezählt worden ist, dann ist dieses Tor geöffnet. Und du befindest dich dann in jenem dem heutigen Leben vorausgegangenen Leben. Und du erlebst dich zuerst mit fünf Jahren bei einem schönen Erlebnis.

Eins, zwei, drei. Das Tor ist auf.

Das Erste, was du wahrnimmst - akzeptiere es, auch wenn es noch keinen Sinn ergibt. Die linke Gehirnhälfte könnte jetzt sagen: "Das ist Blödsinn." Sie lehnt es ab. Auch wenn man denkt, man phantasiere ... Dann phantasiere man einfach weiter. Denn dann kommen die Eindrücke von ganz allein. Man muss auch nichts sehen. Jedoch weiß man, was geschieht. Und im weiteren Verlauf dieser Rückführung wird man sich ganz in jene Ereignisse hineinbegeben haben.

Eintritt in das frühere Leben

Jetzt bist du da. Du bist fünf Jahre alt. Schau zuerst einmal auf deine Füße hinunter. Was hast du an den Füßen an? Oder bist du barfuß? ... Befühle mal deine Kleidungsstücke. Was hast du an? ... Geh mal mit deinen Händen über deinen Kopf ... Ist dein Haar lang oder kurz? Ist es dunkel oder hell? ... Bist du ein Mädchen oder ein Junge?

Bevor du in das Leben hineingehst, musst du dich erst selbst mit fünf Jahren wahrnehmen. Man verankert sich zuerst, indem man auf die Füße hinunterschaut. Denn dann befindet man sich auch im Körper und sieht sich nicht gegenüberstehend. Sobald du dich selbst als Junge oder Mädchen wahrgenommen hast, gehe weiter.

Und nun schau dich mal um. Wo bist du jetzt, drinnen oder draußen im Freien? ... Wie sieht es dort aus?

Hier könntest du das Gerät kurz abstellen, um deutlicher zu erfahren, wo du bist und wie es dort aussieht. Und du könntest jetzt zu dir sagen: *Ich will mich erst noch genauer umsehen, wo ich bin.*

Ist jemand bei dir oder bist du allein?

Und nun erlebe dein schönes Erlebnis mit fünf Jahren ...

Nun könnte das schöne Erlebnis schon mit einer gesehenen Person zusammenhängen. Die meisten erleben sich auf einer

Wiese. Sie sind entweder allein oder mit ihrem Haustier zusammen oder sie spielen mit anderen Kindern. Aber es gibt natürlich mehrere Möglichkeiten. Du könntest jetzt wieder das Anhören der CD stoppen, um dir weitere Einzelheiten anzusehen. Dieses Zählen bis drei hat seinen Grund darin, dass man dann sofort in eine neue Situation hineinwechseln kann und nicht dem soeben Gesehenen weiterhin verhaftet bleibt.

Und wenn bis drei gezählt worden ist, dann befindest du dich vor deinem Zuhause und kannst alles gut erkennen. Eins, zwei, drei. Schau dir alles genau an ... Und jetzt gehe einmal dort hinein, wo du wohnst. Wie sieht es dort aus?

Auch hier könnte man länger verweilen und sich die Räume ansehen und wissen, welche Bedeutung sie haben. Aber das wird weniger interessant sein, so dass man gleich weitergehen sollte.

Und gehe jetzt dorthin, wo du nachts schläfst. Wo und auf was schläfst du? ... Schläfst du dort allein? Oder schläft noch jemand anderes mit dir dort?

Warum gefragt wird, auf was man schläft, hat den Grund, dass man ja als Hirtenjunge auf einem Strohsack in einem Zelt oder sonst wo liegen könnte. Doch da es sich hier um das dem heutigen Leben vorausgegangene Leben handelt, wird dieses meistens innerhalb der letzten fünfzig oder hundert Jahre gewesen sein, so dass man in einem Bett geschlafen haben könnte. Trifft Letzteres zu, dann könntest du dir jetzt das Schlafzimmer genau ansehen samt dem Spielzeug. Und hattest du eine sehr geliebte Puppe oder einen Teddy oder dergleichen, könnte es gut sein, dass du dir im heutigen Leben wieder solch ein Spielzeug ausgesucht hast. Denn, wie wir noch sehen werden, hängen unsere Vorlieben oft noch an dem, was uns im letzten Leben besonders gefallen hat.

Und nun wird bis drei gezählt, und du befindest dich dort, wo du mit fünf Jahren dein Mittagessen einnimmst. Eins, zwei, drei. Was isst du gerade? ... Wie schmeckt das?

Um tief in die früheren Leben einzutauchen, ist es oft angebracht, alle fünf Sinne zu stimulieren. Der Tastsinn wurde schon beim Berühren des Wolkentors wie auch bei der Blume erfahren, bei der auch der Geruchssinn angesprochen wurde. Weiterhin gab es das Sehen auf der Wiese, das Hören beim Plätschern des Quellwassers und nun auch das Schmecken.

Wer nimmt noch an diesem Essen teil? Hast du Eltern? Hast du Geschwister? Was machst du mit fünf Jahren am liebsten?

Hier nimmt man seine früheren Familienmitglieder wahr. Vor dem Wolkentor wird dann das Höhere Selbst befragt, ob jemand von diesen Familienmitgliedern einem auch im heutigen Leben wieder nahesteht oder einem sonst wo begegnet.

Und nun wird bis drei gezählt, und du befindest dich dann ein Jahr vor deinem Tod. Eins, zwei, drei. Du befindest dich jetzt ein Jahr vor deinem Tod. Wie alt bist du?

Warum auf einmal dieser Sprung ein Jahr vor das Lebensende? Dieser ist deshalb angebracht, damit du weißt, wie lange du in jenem Leben gelebt hast, um auch den Rahmen abzustecken, in welche Lebensalter du gleich eintauchen kannst.

Und wenn bis drei gezählt worden ist, dann erlebst du ein schönes Erlebnis zwischen fünf und zehn Jahren. Eins, zwei, drei. Wie alt bist du?

Jetzt gehen wir durch dein weiteres Leben, in welches wir mit fünf Jahren eingestiegen sind. Wir fragen jedes Mal nach deinem Alter.

Wo befindest du dich gerade? ... Und nun erlebe dieses schöne Erlebnis ... Wie heißt du?

Hier wird uns schon zumindest der Vorname genannt. Später, wenn du erwachsener bist, kannst du erst deinen vollen Zu- und Nachnamen nebst allen anderen wichtigen Angaben ermitteln. Denn wenn er/sie jetzt acht Jahre alt wäre, wüsste sie/er vielleicht noch nicht genau, in welchem Land oder in welchem Jahr sie/er lebt. (Der Einfachheit halber werde ich jetzt im Folgenden, wie in solchen Fällen üblich, nur die maskuline Form benutzen, um nicht immer "sie/er" schreiben zu müssen. Aber Frauen lassen ja in vielem den Herren den Vortritt. Doch sollten sie bedenken, dass sie ja auch sicherlich schon viele Male ein Mann gewesen sind. Auch wechsele ich manches Mal vom Du zum Wir oder zu "man", um der Eintönigkeit des zu Erklärenden entgegenzuwirken.)

Und wenn bis drei gezählt worden ist, dann bist du fünfzehn Jahre alt und erlebst dich bei einem schönen Erlebnis. Eins, zwei, drei. Wo bist du? ... Was erlebst du gerade? ... Schau einmal in einen Spiegel. Wie siehst du aus? ... Magst du dein Gesicht?

Man darf davon ausgehen, dass jeder, der in den letzten hundert Jahren gelebt hat, sicherlich schon in einen Spiegel geschaut hatte. Jetzt ist es interessant festzustellen, welche Ähnlichkeit man im früheren Leben mit dem heutigen Aussehen hat.

Wie sieht dein normaler Tagesablauf aus? ... Wann musst du aufstehen? ... Und wie verläuft dein weiterer Tag? ... Gehst du in die Schule? Oder musst du schon arbeiten?

Du könntest dir nun den ganzen Tagesablauf nach dem Anhalten der CD anschauen.

Und wenn du schreiben kannst, dann schreibe jetzt einmal deinen vollen Namen, deinen Geburtstag und das Geburtsjahr samt Geburtsort und dein Heimatland nieder.

Wohl die meisten konnten im letzten Leben ihren Namen und anderes schreiben, es sei denn, sie sind in einer einfachen Stammesskultur, zum Beispiel in Afrika, aufgewachsen, wo auch ältere Leute nie Schreiben und Lesen gelernt hatten. Aber nach meinen Erfahrungen bei Rückführungen von vielen meiner Klienten oder Seminarteilnehmern weiß ich, dass wir als "Weiße" zu über neunzig Prozent in dem vorausgegangenen Leben in einem Land der Weißen gelebt haben. Und davon zu achtzig Prozent in Europa.

Und davon zu dreißig Prozent in Frankreich. Mit Frankreich haben wir Deutsche eine besondere reinkarnistische (hoppla. Hast du schon mal dieses Wort gehört? Ich nicht ...) Beziehung. (Man sollte das Leben nicht so ernst nehmen und mehr lachen - vor allem über sich selbst.) Wohl jeder in Deutschland Geborene war schon in früheren Leben ein- oder gar mehrere Leben in jenem Land inkarniert. Und sollten wir dort ein schönes Leben gehabt haben, könnte es gut sein, dass wir in den Ferien gerne wieder dorthin reisen oder besonders gerne französischen Wein trinken und den Käse von dort essen. Wir bringen oft Gewohnheiten mit in dieses Leben aus den Ländern, in denen wir uns wohlgefühlt haben. Manches Mal fällt es uns auch leicht, jene Sprache, die wir damals in einem der europäischen Länder gesprochen haben, wieder zu erlernen.

Und wenn bis drei gezählt worden ist, dann bist du bei einer deiner schönsten Begegnungen mit jemandem vom anderen Geschlecht. Eins, zwei, drei. Jetzt bist du da. Wie alt bist du da? ... Wer ist diese Person? Wie heißt sie? Woher kennt ihr euch? ... Und nun erlebe diese innige Begegnung ...

Aus solchen innigen Begegnungen könnte sich auch eine Wiederholung mit dieser Seele im heutigen Leben ergeben, sei es, dass man jetzt selbst im anderen oder im selben Geschlecht ist oder dass man gar eine homosexuelle Beziehung mit dieser schon damals geliebten Person eingeht. Wir alle waren in einem früheren Leben sicherlich einmal homosexuell ausgerichtet, denn das ist eine Erfahrung, die wohl jede Seele aus Lerngründen durchmachen muss. Vor allem, wenn man Homosexuelle diffamierte und mit Abscheu bedachte, dann ist es notwendig, selbst mal in eben dieser Art verabscheut zu werden samt aller diffamierender Konsequenzen. Denn wir müssen lernen, dass sich Liebe in vielen Erscheinungsformen zeigt, die wir als Lernaufgabe akzeptieren müssen.

Was magst du an dieser Person besonders? ... Und wenn du mal Eifersucht erlebt hast, dann erlebe sie jetzt ... Um wen geht es? Was hat sich ereignet? ... Wie gehst du damit um?

Du könntest jetzt wieder den Ton abstellen und dir alle Einzelheiten ansehen. Denn oft muss man das Gefühl der Eifersucht aus karmischen Gründen nachholen. Es ist das Gefühl der betrogenen Liebe. Durchleben wir dieses, wird uns wissend oder unbewusst klar, welchen Stellenwert die Liebe eigentlich hat. Aus dem Verlust erkennen wir den Wert des Verlorenen.

Und wenn du geheiratet hast, dann bei drei – erlebe die Trauung. Eins, zwei, drei. Wo findet sie statt? ... Wie alt bist du da? Wie heißt die Person, die du heiratest? Bist du glücklich? ... Woher kennt ihr euch? ... Und nun, wer traut euch? ... Wie viele Leute sind zugegen? ... Und bei drei erlebe deine Hochzeitsfeier. Eins, zwei, drei. Wo findet diese statt? ... Gibt es Musik? ... Tanzt du auch? Wie fühlst du dich dabei? ... Bist du nun stolz darauf, verheiratet zu sein?

Wenn du alles noch intensiver miterleben willst, halte die Aufnahme an. Nicht jeder, der diese Rückführung macht, war verheiratet. Dann könnte man das Höhere Selbst bitten: Führe mich jetzt dahin, wo ich eine Hochzeit miterlebe.

Und wenn bis drei gezählt worden ist, dann erlebst du dich bei der Ausübung deiner Haupttätigkeit. Eins, zwei, drei. Wie alt bist du? Wo bist du? ... Worin besteht deine Tätigkeit? ... Bist du zufrieden mit dem, was du tust? Oder würdest du lieber einer anderen Haupttätigkeit nachkommen? ... Wenn ja, was würdest du am liebsten machen?

Hier können wir feststellen, ob wir in diesem Leben einer ganz anderen Tätigkeit nachkommen oder uns wieder in einem ähnlichen Beruf wie damals wiederfinden. Wenn jemand auf einem gewissen Gebiet im heutigen Leben zum Beispiel etwas ganz Großes leistet, hat er sich meistens schon in einem früheren – und wahrscheinlich auch in dem vorausgegangenen - Leben darauf vorbereitet. Kein Genie fällt vom Himmel. Es bedarf der allmählichen Vorbereitung. Hat jemand im vorausgegangenen Leben einer Tätigkeit nachkommen müssen, zu welcher der Vater ihn gedrängt hatte, also zu einem Beruf, der ihm gar nicht zusagte, so wird er in dem heutigen Leben vielleicht endlich seinem Traumberuf nachkommen wollen.

Was machst du neben deiner Haupttätigkeit am liebsten? ... Liest du Bücher? Wenn ja, welche? ... Hast du einen Lieblingsschriftsteller? ... Welche Musik hörst du am liebsten?

Jetzt kannst du feststellen, ob du noch im heutigen Leben ebenfalls jene Lieblingsschriftsteller aus dem früheren Leben bevorzugst oder ob du dich ganz anderen Büchern oder Interessen zugewendet hast. Ebenfalls kannst du deine vormaligen Musikinteressen mit den heutigen vergleichen. Du kannst auch fragen: *Bin ich auch in die Oper oder ins Konzert gegangen? Habe ich selbst mal ein Instrument gespielt?*

Hast du für irgendetwas ein Talent? ... Was sind deine Begabungen, und was machst du damit?

Hier kannst du feststellen, ob du im heutigen Leben wieder über jene früheren Talente verfügst oder ob du sie gar erweiterst. Wenn du ein bestimmtes Talent aufdeckst, dann frage: *Wie gehe ich mit meinem Talent um? Was mache ich damit? Welche Erfolge habe ich?*

Hast du eigene Kinder? ... Wenn ja, dann erlebe bei drei eines deiner schönsten Erlebnisse mit deinem ältesten Kind. Eins, zwei, drei. Wie alt ist es? Was macht ihr gerade? ... Wie viele Kinder hast du?

Du könntest jetzt nach dem Anhalten dieser Aufnahme im Einzelnen nachfragen: *Wie bin ich mit meinen Kindern umgegangen? Wie haben sie sich entwickelt? War ich ein guter Vater/eine gute Mutter? Was habe ich falsch gemacht?*

Und wenn bis drei gezählt worden ist, dann erlebst du dich bei einem schönen Familienfest. Eins, zwei, drei. Wie alt bist du da? Wo findet dieses Fest statt? ... Was wird gefeiert? ... Wer ist alles zugegen? ... Wie verläuft nun dieses Fest?

Ein solches Fest könntest du jetzt in seinem ganzen Verlauf wiedererleben. Vor allem werden jene Erlebnisse sich immer deutlicher zeigen, in welchen freudige Emotionen vorherrschten. Leben, in denen wir Situationen nur registrierten, sind schwerer aufzudecken als Situationen, in denen unser Emotionalkörper die inneren Gefühle deutlich erlebte.

Bist du ein gläubiger Mensch? ... Gehörst du irgendeiner Glaubensrichtung an? ... Wie pflegst du deinen Glauben nach außen hin? ... Und wie gehst du damit innerlich um? ... Betest du? ... Glaubst du an ein Leben nach dem Tod? Wenn ja, wie stellst du dir das vor? ... Glaubst du an wiederholte Erdenleben, dass deine Seele in anderen Körpern schon auf Erden gelebt hat oder wieder in anderer Gestalt ein neues Erdenleben beginnen könnte?

Waren wir in jenem Leben der Anhänger eines orthodoxen Glaubens, so werden wir die Starrheit der Glaubenslehren im Jenseits überprüft haben und uns vielleicht im heutigen Leben einer freien Glaubensgemeinschaft anschließen oder gar eigene Weg gehen bei der Suche: Was ist Wahrheit? Warum bin ich auf der Erde? Und du, der du gerade dieses Buch liest, gehörst ebenfalls zu denen, die sich auf dem Weg befinden, die tieferen Wahrheiten dieses Lebens selbst herauszufinden, indem man viel liest, viel nachdenkt oder meditiert und auch von anderen fortgeschrittenen Wahrheitssuchern das Erfahrene oder Erforschte dankbar zur Kenntnis nimmt? Wärest du kein Wahrheitssucher, würdest du dieses Buch, wie schon erwähnt, erst gar nicht in die Hand genommen haben. Vielleicht hattest du schon in jenem Leben an die Reinkarnation geglaubt und dir viel geheimes Wissen angeeignet. Deshalb wird es dir im heutigen Leben leicht gefallen sein, alles, was damals schon von dir an höheren Wahrheiten herausgefunden wurde, wieder aufzunehmen und in dem heutigen Leben weiterhin zu vertiefen. Ich zum Beispiel war in meinem vorausgegangenen Leben ein Zenmönch in Japan. Aber eigenartigerweise zieht es mich überhaupt nicht mehr dorthin zurück, da ich ja dort schon alles erlebt habe. Und ich habe erkannt, dass ich, der ich mit vierzehn Jahren schon jenem Orden beitrat, nur an meine eigene Erlösung im Nirwana dachte und von morgens bis abends meditierte. Das war ein egoistisches Vorgehen, ohne die Liebe mit anderen zu teilen. Und ich habe im Nachhinein beschlossen, mich ganz in die Menschheit einzubringen, die ganze Welt zu bereisen und anderen viel Wissen aus höheren Quellen zuteilwerden zu lassen. Und du kannst dich selbst fragen: *Welches Wissen eigne ich mir besonders an?*

Wo bist du überall herumgekommen? ... Warst du auch in fremden Ländern? Wenn ja, wo? ... Und was hast du dort gemacht?

Hier kannst du den Ton abstellen und erkunden, wo du überall gewesen bist und was du dort aus welchen Gründen gemacht hast. Es kann sein, dass dir im heutigen Leben gewisse Gebiete im eigenen Land oder in fremden Ländern sehr bekannt vorkommen, da du in diesen vormals lebtest oder dich dort aufhieltest.

Was sind deine Schwächen? ... Hast du schon einmal gesündigt? ... Wenn ja, um was ging es dabei? ... Was sind deine Stärken?

Hier können wir herausfinden, ob wir noch die gleichen Stärken oder Schwächen haben wie vordem. Vielleicht waren wir damals Trinker gewesen. Und vielleicht haben wir immer noch die Neigung zum Trinken. Und vielleicht waren unsere Stärken, andere von dem, was wir für richtig hielten, zu überzeugen. Und wenn wir rechthaberisch gewesen sind, könnte noch immer etwas davon in uns übriggeblieben sein. Denn einige der früheren Charakterzüge bringen wir ins heutige Leben mit. Und wenn jemand eine Sünde begangen haben sollte, zum Beispiel den Opferstock vom Altar geklaut zu haben, wie wirkt sich das im gegenwärtigen Leben aus? Will er der Kirche gegenüber alles wiedergutmachen? Oder hat er jedes Mal, wenn er Polizeiwagen sieht oder hört, noch eine unterschwellige Angst, dass man ihn sucht und bestrafen wird?

Welche Position nimmst du innerhalb der Gesellschaft ein? ... Bist du erfolgreich? ... Wenn ja, in was? ... Und bei drei erlebe dann eines deiner schönsten Erfolgserlebnisse. Eins, zwei, drei.

Dieses Erfolgserlebnis kann mannigfacher Art sein. Es kann sich um Eroberungen oder sexuelle Beziehungen handeln, um Gelderwerb, sei es als ordentlicher Geschäftstüchtiger oder auf eine ganz andere Art, die nicht aufgedeckt werden darf. Und als Erfolgserlebnis könnte zum Beispiel ein Erfolg als Künstler, Lebensretter, Arzt u. Ä. wiedererlebt werden.

Wen hast du am meisten geliebt? ... Und bei drei erlebst du mit dieser Person dein schönstes Erlebnis. Eins, zwei, drei. Wie alt bist du da? Wo seid ihr? Was erlebst du jetzt?

Und die Person, die man damals am meisten geliebt hat, könnte auch im heutigen Leben wieder begehrt werden, auch wenn diese schon in einem anderen Verhältnis gebunden ist. Denn Seelen, die einmal in Liebe verstrickt waren, erkennen sich meist in irgendeiner Art wieder. Und wenn man sich trifft, überkommt beide ein Gefühl von gegenseitiger Zuneigung, wenn sich daraus nicht sogar ein Verhältnis entwickelt. Dies ist ein großes Problem - Schuldaufladungen hinsichtlich des Fremdgehens.

Welche anderen schönen Erlebnisse hattest du mit Personen vom anderen Geschlecht?

Hier ist es interessant herauszufinden, welche Erfahrungen wir mit jenen vom anderen Geschlecht hatten. Denn unsere positiven

Erfahrungen werden sich auch im heutigen Leben auswirken, indem sich der Umgang mit jenen unkompliziert gestaltet. Sollten wir aber im vergangenen Leben oder gar in anderen weiter vorausgegangenen Leben sehr negative Erfahrungen gemacht haben, werden wir uns auch nur zögerlich solchen neuen Beziehungsmöglichkeiten nähern. Du könntest beim Anhalten der CD Genaueres erleben, zum Beispiel mit welchen Personen vom anderen Geschlecht du vor allem negative Erfahrungen erleben musstest. Und späterhin befragst du dann vor dem Wolkentor dein Höheres Selbst, warum alles so sein musste, denn nichts geschieht grundlos. Und wenn du mit dieser Person im heutigen Leben wieder zusammengeführt worden bist und ihr habt zum Beispiel in der Ehe oder Partnerschaft große Probleme, dann sollte man in einer Rückführungstherapie die Ursachen alle aufdecken und durch Vergebung diese Disharmonien auflösen, um wieder Harmonie herzustellen. Du könntest dich auch fragen: *Wie urteile ich über Personen vom anderen Geschlecht?*

Wie beurteilst du dich und deinen Charakter?

Jeder hat eine andere Meinung über sich als andere über einen selbst. Du könntest nun fragen: *Was denken andere über mich?* Und: *Was denke ich über mich und meinen Charakter? Wie verhalte ich mich hinsichtlich Nächstenliebe? Wie gehe ich mit sehr armen Menschen um? Wie behandele ich meinen Partner, meine Kinder, meine Eltern, Tiere?*

Und wenn bis drei gezählt worden ist, dann befindest du dich wieder ein Jahr vor deinem Tod. Eins, zwei drei.

Wir haben weiter oben schon herausgefunden, wie alt man ein Jahr vor seinem Tod gewesen ist. Vor dem Ende eines Lebens halten wir nochmals Rückschau.

Wie geht es dir gesundheitlich? ... Und im Allgemeinen? ... Wer lebt noch von deinen dir Nahestehenden? ... Und nun blicke auf dein ganzes Leben zurück. Ganz gelassen kannst du

dir ansehen, mit welchen Schicksalsschlägen – wenn überhaupt – du konfrontiert warst und wie du damit umgegangen bist ...

Wir gehen nicht im Einzelnen in die Schicksalsschläge hinein, zum Beispiel dorthin, wo man vergewaltigt, geschlagen, innerlich verletzt worden ist. Denn – und ich weise noch öfter darauf hin – Problembehaftetes sollte man in einer Rückführungstherapie mit einem ausgebildeten Rückführungstherapeuten behandeln. Aber wir nehmen diese Erlebnisse zur Kenntnis.

Welche chronische und andere Krankheiten hast du gehabt? ... Wie bist du damit umgegangen? ... Was bedauerst du am meisten, getan oder unterlassen zu haben?

Hier können wir erfahren, was wir im vergangenen Leben entweder als Unerledigtes oder falsch Ausgeübtes hinterlassen haben. *Was hätte ich besser machen sollen?*

Welche Person hast du nicht gemocht oder gar gehasst? ... Und warum?

Wem habe ich noch nicht verziehen? Bei wem hätte ich mich noch entschuldigen müssen? Denn im heutigen Leben werden wir oft solchen Personen gegenüber Schuldgefühle haben. Wir gehen ihnen unbewusst aus dem Weg, ohne zu wissen, warum. Und manches Mal haben wir auch diesen Personen gegenüber ein Wiedergutsmachungsgefühl. Und jene Person, die einem ja auch noch nicht vergeben hat, könnte solche aufdringlichen Wiedergutmachungen als unangenehm empfinden.

Welche Person hast du verehrt? ... Und welche Person hast du sehr, sehr geliebt?

Und vor dem Wolkentor erfährst du von deinem Höheren Selbst, wer sie sind und ob du wieder mit einer von ihnen eine innige Beziehung hast. Und du kannst dort später fragen: *Was sollten wir damals von und miteinander lernen, und warum begegnen wir uns im heutigen Leben wieder?*

Worauf kannst du mit Zufriedenheit oder gar mit Stolz zurückblicken? ... Was war deine beste Tat?

Wenn du nochmals auf die Welt kommen würdest, was würdest du dann anders oder besser machen wollen?

Hier könnte man sich selbst gegenüber Rechenschaft ablegen und sich vornehmen, Verschiedenes anders oder auf jeden Fall besser zu machen. Diese Entscheidungen werden wir gleich bei der Vorbereitung für das heutige Leben noch genauer betrachten.

Und wenn bis drei gezählt worden ist, dann bist du gerade gestorben. Eins, zwei, drei.

Der Übergang und der Eintritt in das Zwischenleben

Du befindest dich auf einmal über deinem Körper. Wie fühlst du dich? ... Kannst du deinen Körper unter dir sehen? ... Weißt du, dass du gerade deinen Körper verlassen hast und nun verschieden bist?

Meistens weiß man, was gerade geschehen ist. Man wundert sich, dass auf einmal alle Schmerzen wie weggezaubert sind, sollte man welche gehabt haben. Viele befinden sich zwar außerhalb ihres Körpers und können diesen auch unter sich sehen. Sie glauben aber auch oft, dass sie sich in einem Traum befinden.

Wer ist jetzt bei deinem Leichnam? ... Wie verhalten sich jene? ... Wie fühlst du dich jetzt?

Zuerst mag man verdutzt zu sein, dass sich alles auf einmal irgendwie anders anfühlt, gepaart mit dem Gefühl von Schwerelosigkeit, Sorglosigkeit, Schmerzfreiheit. Doch wenn man sieht, wie die Angehörigen weinen, überkommt einen auch das Gefühl, Trost spenden zu wollen. Man möchte am liebsten sagen: "Mir geht es gut. Weint doch nicht." Viele "Verschiedene" begreifen erst dann, dass sie ja gestorben sind.

Schau dich mal um, ob jemand angeschwebt kommt, der dich abholt ... Wer ist es? ... Bist du überrascht?

Meist kommt eine Person, die uns nahestand und bereits verstorben ist, auf einmal auf uns zugeschwebt. Es mag die Großmutter, der Vater, die Mutter, der Partner oder auch ein Engel sein. Wir sind dann sehr überrascht. Und wenn die Arme der uns so sehr vertrauten Person ausgestreckt sind, können wir nicht anders, als uns umarmen und mitführen zu lassen, wohin auch immer wir geleitet werden. Doch wenn man nicht an alles Übernatürliche geglaubt oder abgestritten hat, dass es ein Leben nach dem Tod geben könnte, dann mögen wir diejenigen, die sich uns nun zeigen, für Hirngespinste halten. Und wenn sie zu uns telepathisch sprechen, halten wir das für Ausbrüche unserer Phantasie. Oder wir verscheuchen sie auch: "Geht weg!" Somit werden wir nicht in die höhere jenseitige Welt mitgenommen und bleiben vorerst als sogenannte Erdgebundene - meist unsichtbar für alle anderen - zurück. Besonders jene Menschen, die einer schweren Sucht unterliegen, handle es sich dabei um Sex, Alkohol oder Drogen, wollen dieser weiterhin nachkommen und verweigern das Angebot mitzukommen. Manche wollen auch aus anderen Gründen nicht mitgehen. So könnte eine Mutter sagen: "Ich kann doch jetzt meine Kinder nicht im Stich lassen. Sie brauchen mich doch. Ich bleibe, um mich weiterhin um sie zu kümmern. Später kannst du mich ja dann abholen." Nach meiner Schätzung bleiben - aus welchen Gründen auch immer - vorerst zwanzig Prozent erdgebunden. Für die Erdgebundenen spielt Zeit keine Rolle, da diese anscheinend für sie stehen geblieben ist, obwohl man sieht, wie sich alles mit der Zeit verändert. Doch diese Veränderungen schreibt man meistens der Einbildungskraft zu. Dieses emotional sicherlich sehr schöne Erscheinen einer dir nahestehenden Person wird bestimmt ein großes Erlebnis für dich sein, weshalb du auch die Aufnahme anhalten magst.

Und bei drei kommst du dort an, wo du jetzt hingeleitet wirst. Eins, zwei drei. Jetzt bist du da. Kannst du erkennen, wo

du bist? Oder ist alles noch zu hell? ... Wenn ja, dann wird bis drei gezählt und dann hast du dich an die Helligkeit bereits gewöhnt und kannst alles erkennen. Eins, zwei, drei.

Es gibt viele unterschiedliche Berichte von solchen, die in der höheren Welt ihre Ankunft beschrieben haben. Mit der Bezeichnung "höhere Welt" ist eigentlich nicht gemeint, dass diese irgendwo "oben" ist, sondern es handelt sich um höhere Schwingungen, die ebenso wie Radiowellen durch uns hindurchgehen. Die höhere Welt ist also zum Greifen nah, doch wir werden sie nicht fassen können, bis wir selbst wieder in diese höheren Schwingungen zurückgekehrt sein werden.

Nun blicke dich um. Was kannst du alles wahrnehmen?

Du kannst die Aufnahme nun anhalten und dir alles genau anschauen.

Die Person, die dich hierhergeleitet hat, kannst du nun befragen, wo du bist. ...

Und was geschieht als Nächstes? ... Wer begleitet dich und zeigt dir diese höher schwingende Welt, die man auf Erden das Jenseits nennt? ... Was kannst du alles erkennen? ... Was ist hier ähnlich wie auf der Weltkugel?

Es ist interessant, dass wir diesen Teil der höheren Welt in einer Form sehen, die wir von der Erde her kennen - mit dem großen Unterschied, dass hier alles leuchtender und farbenprächtiger ist. Hier gibt es Flüsse, Seen, Wasserfälle, Berge, Täler, Wiesen und vieles uns Bekannte. Obwohl wir diese Welt schon viele, viele Male nach unserem jeweiligen irdischen Ableben besucht haben, kommt uns alles erst einmal wie neu vor. Wir staunen über diese Schönheiten. Dieser Teil des Jenseits, den Kundige auch Sommerland nennen, ist jener, in dem sich der Großteil der Seelen aufhält. Es gibt niedrigere Bereiche, in denen die Seelen, die anderen schweres Unrecht zugefügt haben, sich erst noch weiterzuentwickeln haben, bis sie ihre Untaten bereuen und sich nach Wiedergutmachung und Liebe sehnen. Aber es gibt auch für die schon sehr weit entwickelten Seelen höhere Bereiche, die noch weit glanzvoller sind als jenes Sommerland, wo Gebäude aus Kristallen in verschiedenen Farben leuchten.

Und was ist hier ganz anders? ... Wie ist das Licht? Gibt es eine Sonne, oder leuchtet alles aus sich heraus?

Hier leuchtet alles aus sich selbst heraus. Es gibt keine Sonne. Aber wenn wir schon gelernt haben sollten, mit unserer Vorstellungskraft eine Sonne sehen zu wollen, dann können wir uns eine solche vorstellen - und schon ist sie da. Sie wird jedoch nicht von anderen gesehen, es sei denn, jemand kann sich in deine Vorstellungen hineinversetzten und mit dir zusammen diese Sonne samt ihrem Unter- oder Aufgang ansehen.

Kannst du Pflanzen oder auch Blumen wahrnehmen? ... Dann berühre mal eine von ihnen ... Du könntest zu ihr sagen: "Ich liebe dich ..." Wie würde sie wohl reagieren?

Wir werden dort erkennen, dass nicht nur wir Menschen, sondern auch Tiere und Pflanzen beseelt sind. Denn wenn wir uns einer Blume in Liebe zuneigen, wird sie reagieren, indem sie zum Beispiel ihre Blütenblätter noch weiter öffnet.

Schau dich weiterhin in dieser für dich vorerst noch neuen Welt um ... Gibt es hier Seen, Flüsse, Berge?

Und nun kannst du die Aufnahme nochmals abstellen und dir diese jenseitige Welt noch genauer anschauen. Und wenn du einen Obstbaum entdeckst, kannst du hingehen, eine Frucht pflücken und sie essen, obwohl wir dort nie Hunger haben und auch ansonsten nichts zu essen brauchen, es sei denn, wir verspüren Appetit auf etwas. Wir können es uns wünschen, und schon ist es in unserer Hand. Und schauen wir auf den Baum zurück, entdecken wir, dass die Frucht dort wieder zu sehen ist, obwohl wir glaubten, sie gegessen zu haben. Wir werden immer mehr über die dort waltenden Gesetze staunen.

Und wenn bis drei gezählt worden ist, dann begegnest du dort einer Person, die dir auf Erden sehr nahestand. Eins, zwei, drei. Wer steht auf einmal vor dir? ... Welche Gefühle überkommen dich? ... Über was sprecht ihr? ... Sprecht ihr in Worten, oder tauscht ihr euch telepathisch aus?

Sollten diese Personen im höheren Alter verstorben sein, dann werden wir sie mit höchster Wahrscheinlichkeit in jugendlicher Frische, so wie wir sie noch zu ihren besten Zeiten gekannt haben, vor uns erblicken. Habe ich eine Oma mit siebzig Jahren verloren, so wird sie sich mir so zeigen, wie ich sie als Kind erlebt und geliebt habe. Wir können uns auch anderen in jedem beliebigen Alter zeigen, das wir auf Erden hatten. Ja, einige Personen nehmen sogar auch das Aussehen an, womit sie sich in einem früheren Leben am schicksten fanden. Denn du selbst wirst dich dann in jenem Alter erleben, in dem du am stattlichsten warst. Aber diese Verjüngungsprozesse geschehen erst später, wenn wir über erweitertes Wissen und Können verfügen.

Und bei drei kehrst du zu deiner hier weilenden Kernfamilie zurück, die einen Heimkehrer nach seinem Erdenaufenthalt immer freudig begrüßen wird. Eins, zwei, drei. Wo bist du auf einmal angekommen? ... Wen triffst du dort? ... Wen erkennst du aus deinem soeben abgeschlossenen Erdenleben wieder? ... Wie wirst du begrüßt? ... Wer von ihnen stand dir im Erdenleben am nächsten? ... Erkennst du auch solche wieder, die dir nicht in deinem soeben abgeschlossenen Leben begegnet waren? ... Woher kennst du sie?

Unsere eigentliche Familie befindet sich dort in der höheren Welt. Dorthin kehren wir immer wieder zurück. Jede neue Inkarnation ist ein Abschiednehmen und jede Rückkehr ein freudiges Fest. Man umarmt sich, beglückwünscht sich, so man seine Aufgaben vor allem in puncto Liebeserweiterung gut gelöst hat. Und hier empfiehlt es sich für dich, den Ton auf dieser Aufnahme anzuhalten und nun gründlich diese Rückkehr zu erleben. Du kannst fragen: *Wen erkenne ich eigentlich in dieser Familiengruppe aus dem soeben abgelebten Leben wieder? Wen kenne ich aus anderen Leben* – so bei dir der Zugang für dieses Wiedererkennen schon offen sein sollte, meist kommt dieser jedoch erst nach längerem Verweilen im Jenseits.

Und nun hast du bestimmt viele Fragen an einige. Und nun frage, was immer du wissen möchtest.

Und sicherlich wird jeder bereit sein, deine vielen Fragen noch zu beantworten, welcher Art sie auch immer sein mögen. Du magst die ein oder andere Person auch fragen, ob sie dich auf Erden besucht hat und dir vielleicht in besonders schweren Situationen half oder dich gar beschützte. Und hier könntest du vielleicht sogar die Aufnahme für fünfzehn bis zwanzig Minuten anhalten wollen.

Lass dir mal von jemandem von ihnen die ganze dir bisher noch unbekannte Gegend zeigen ... Gibt es dort Gebäude? ... Dann nimm sie wahr und frage, welche Bedeutung die größeren von ihnen haben.

Und wenn du der Beerdigung deines Erdenkörpers beigewohnt hast, dann bist du bei drei dort. Eins, zwei, drei. Befindet sich dieser in einem Sarg? ... Wer ist bei deiner Beerdigung zugegen? Wen erkennst du? ... Wer trauert um dich am meisten? ... Nun bist du bei deinem Grab. Wer hält dort eine Grabrede? ... Was wird gesagt? ... Was würdest du jetzt sagen, wenn man dich hören könnte? ... Nimmt dich jemand der Anwesenden energetisch wahr? ... Oder kannst du einer Person irgendwas vermitteln?

Hier kannst du erfahren, was die einzelnen Personen wirklich von dir dachten. Wer hat dir vielleicht oft geschmeichelt und es nicht ehrlich gemeint? Du kannst ihre Gedanken und Gefühle ganz klar wahrnehmen. Und du hast dir vielleicht schon höheres

Wissen angeeignet und weißt, dass das, was der Pfarrer oder jener Grabredner von sich gibt, so nicht stimmt. Du würdest den Beistehenden die Lehre vom Tod und dem Leben danach ganz anders vermitteln. Und du wirst auch erfahren, wie sehr die ein oder andere Person dich geschätzt oder gar geliebt hat.

Und wenn bis drei gezählt worden ist, befindest du dich wieder bei deiner Kernfamilie. Eins, zwei, drei.

Du kannst nach einem Erkundungsspaziergang immer sagen: *Und jetzt komme ich wieder zu meiner Kernfamilie zurück.*

Und wenn du dort in der höheren Welt ein eigenes Zuhause bekommen hast, dann sieh es dir nun genau an ... Was gefällt dir da am besten? ... Hast du einen Garten mit Bäumen und Blumen?

Wenn wir uns auf Erden ein schönes Zuhause erträumt hatten, welches wir am liebsten bewohnt hätten - vielleicht ein ähnliches, das wir irgendwann einmal bewundert hatten und bei dessen Anblick wir uns innerlich sagten: 'So etwas hätte ich auch gerne!' -, so kann es sein, dass wir, nachdem wir uns im Jenseits umgesehen haben, auf einmal solch ein Häuschen mit Garten samt unseren Lieblingsblumen vor uns sehen. Und unser Begleiter wird uns sagen: "Das ist jetzt dein Zuhause. Du hast es dir verdient mit deiner Liebe, die du anderen geschenkt hast." Denn wir werden auch im Jenseits für unsere guten Taten belohnt.

Du könntest jetzt die Aufnahme anhalten und dir alles in jenem Häuschen ansehen. Alles ist liebevoll dekoriert. Und vielleicht hängen sogar deine Lieblingsbilder an der Wand. Und wenn du Schriftsteller gewesen sein solltest, dann stehen alle deine eigenen Bücher in einem Regal nebst jenen der anderen, die du bevorzugt hast. Und wenn du Musiker warst, steht dir dort ein Klavier - oder welches Instrument du auch immer gespielt hast - zur Verfügung. Alles ist aus Liebe von den Mitgliedern deiner Kerngruppe für dich vorbereitet worden. Die Liebe, die uns in mannigfacher Weise entgegenkommt, versetzt uns immer wieder in Erstaunen. Und du kannst in deinem neuen Zuhause wohnen, wann immer du möchtest. Es gibt auch keine Zäune, um ein Grundstück abzugrenzen. Und sicherlich wird man oft zu Besuch zu dir kommen. So begegnet man mit der Zeit - die anders verläuft als auf Erden - auch vielen Freunden und Menschen, denen man auf Erden begegnet ist. Man unterhält sich über die gemeinsamen irdischen Erlebnisse, und es gibt immer viel zu lachen. Ja, im Jenseits lacht man viel. Man macht gerne Witze. Im Vergleich dazu sind wir auf Erden richtige Trauerklöpse. Gegenseitige Herzensliebe und Heiterkeit sind dort bevorzugte Merkmale.

Wie bewegst du dich eigentlich fort? Gehst du meistens? ... Oder kannst du dich im Nu irgendwo hindenken - und schon bist du da? ... Auf welche Weise hast du das gelernt?

Hier kann man wieder die Aufnahme stoppen. Denn es ist interessant wiederzuerleben, wie man gelernt hat, sich von einem Ort zum anderen zu befördern. Wir müssen immer wieder darauf hindeuten, dass alles nur Vorstellungen sind, die wir aber als real wahrnehmen. So könnte ein "Trainer", der uns behilflich ist, die Versetzung des Körpers an einen anderen Ort zu erlernen, uns in zwanzig Metern Entfernung von einem Baum hinstellen. Und er könnte sagen: "Sieh, an dem Ast jenes Baumes hängt ein Apfel. Stelle dir nun vor, dass du auf einmal dort bist und den Apfel in der Hand hältst." Wir sind bisher daran gewöhnt, dass wir uns aus eigener Kraft und zu Fuß vorwärtsbewegen können, obwohl wir nach dem Tod in die höhere Welt geschwebt sind. Wir müssen nun also unsere Vorstellungskraft dahingehend erweitern, dass wir wissen, dass wir mit dieser, wo auch immer, im Nu ankommen. All das muss trainiert werden. Und späterhin wird uns auch beigebracht, wie wir allein mit der Vorstellungskraft Dinge zu materialisieren und zu dematerialisieren vermögen.

Besuchst du noch hin und wieder deine auf der Erde Zurückgebliebenen? ... Wenn ja, dann erlebe bei drei einen solchen Besuch. Eins, zwei, drei. Wo und bei wem bist du? ... Kannst du da irgendwas bewirken oder jemanden beeinflussen?

Und hier sollte man unbedingt den Ton stoppen, denn es ist immer ein besonderes Erlebnis, auf der Erde nicht nur seine Familie und andere einem Nahestehende zu besuchen, sondern auch die Veränderungen wahrzunehmen, die sich dort vielleicht schon im Äußeren ergeben haben, zum Beispiel technische Neuheiten oder politische Ereignisse.

Kommst du öfter noch als Geist zu Besuchen auf die Erde? ... Oder arbeitest du gar mit anderen zusammen an irgendeinem spirituellen Vorhaben auf Erden?

Wir können uns im Jenseits Gruppen mit den verschiedensten Aufträgen anschließen, um auf der Erde mitzuwirken. Zum Beispiel könnten sie von höherer Stelle den Auftrag erhalten haben, einer sich ausbreitenden Epidemie entgegenzuwirken, Politiker zu beeinflussen, die richtigen Entscheidungen zu treffen, oder mitzuhelfen, dass die Erde als Schulungsplanet ökologisch gesund bleibt, um noch vielen Millionen neu und wieder inkarnierenden Seele die besten äußeren Bedingungen zu bieten, damit sie ihr Programm dort absolvieren können.

Wie fühlst du dich eigentlich nun als Geist? ... Hast du schon deinen Geistführer kennengelernt? ... Ist er ein Er oder eine Sie? ... Wie lautet der Name? ... Und wenn bis drei gezählt worden ist, dann erlebst du eine wichtige Unterredung mit ihm, wo er dich auf das Gelungene und auf das Fehlerhafte deines abgelebten Lebens hinweist. Eins, zwei, drei.

Hier könntest du nach dem Anhalten der gesprochenen Aufnahme dieses Gespräch mit deinem Geistführer wiedererleben, da deine Erkenntnisse aus deinem vorigen Erdenleben von größtem Interesse sein könnten. Er wird dich auf deine guten, aber auch auf deine weniger guten Taten und Verhaltungsweisen hinweisen, besonders auf deinen Umgang mit Liebe. Diese Hinweise könnten dann bezwecken, dass du dir für eine erneute Inkarnation vornimmst, das Verfehlte nicht nochmals zu begehen. *Wie heißt du? Kennen wir uns aus früheren Leben?*

Gibt es dort, wo du nun zu Hause bist, auch Unterricht? Wenn ja, bei wem? Und was wird unterrichtet?

Dort kann man alles erlernen, was immer man möchte. Sei es, dass man ein Instrument erlernen will, das dir auf Erden versagt geblieben ist, sei es, dass du dich für technische Entdeckungen interessierst und dort mitwirken kannst, wo neue Erfindungen durchgeführt werden, die dann bestimmten irdischen Erfindern eingegeben werden. Es gibt aber auch Gruppenunterricht, wo uns ein tiefes Verständnis für die göttlichen Gesetze wie auch für die Erschaffung der Welt und des Universums vermittelt wird. Aber vor allem wird man dort unser eigenes Verhalten im vergangenen Leben nochmals durchsprechen und uns auf bestimmte Situationen hinweisen, wo wir gefehlt haben, wo wir das vor der Inkarnation Einstudierte nicht richtig umgesetzt haben. Dies sind sogleich Vorbereitungskurse für einen wiederholten Schulbesuch auf der Erde. Denn dort geht es ja darum, das im Jenseits Erlernte auch richtig anzuwenden, vor allem - und ich wiederhole mich gerne - was wir hinsichtlich der Liebe gelernt haben. Denn die Vermehrung unseres Liebespotenzials ist der Hauptgrund für weitere Reinkarnationen. Für weiter fortgeschrittene Seelen stehen auch Universitäten zur Verfügung, wo man noch Tiefgründigeres lernen kann.

Was machst du in der höheren Welt am liebsten?

Hier empfehle ich dir, die Aufnahme wieder anzuhalten, wie auch bei den nächsten beiden Themen.

Hast du schon das Kinderreich besucht? ... Welchen Tieren begegnest du? Und wie verhalten sich die wilden Tiere? ... Und

nun erlebe die Begegnung mit jenen Tieren, die du am meisten geliebt hast.

Das wunderbare Geschenk der höheren Liebe besteht neben den sehr vielen anderen Geschenken darin, dass wir unsere eigenen geliebten Tiere wiedersehen. Sie können sich bei irgendwelchen Gelegenheiten einzeln zeigen oder auch in Gruppen. Die Freude ist auf beiden Seiten überwältigend. Haustiere fördern auf Erden unsere Liebe im Speziellen und im Allgemeinen.

Und bei drei erlebe nun ein besonders schönes Fest. Eins, zwei, drei. Wo findet es statt? ... Wer ist zugegen? ... Was wird gefeiert?

Hier empfiehlt es sich auch, die Tonaufnahme anzuhalten. Denn die Feste in der höheren Welt werden mit Pracht gefeiert und gegebenenfalls mit viel Musik. In den christlich zugeordneten Bereichen werden auch das Weihnachtsfest wie auch Ostern gefeiert. Und es kann geschehen, dass sich dann auch Jesus zeigt. In den jenseitigen Bereichen anderer Religionszugehörigkeit können sich bei bestimmten Festen Mohammed, Buddha, Moses oder Krishna zeigen. In den höheren Regionen der jenseitigen Welt gibt es keine Trennung von Religionen. Aber es werden im Sommerland Theater- und auch Musikaufführungen dargeboten. (Ich werde sicherlich dort alle meine Dramen aufgeführt sehen können. Ich freue mich schon darauf.)

Bist du schon deinem Meister begegnet? Wenn ja, dann erlebst du bei drei diese Begegnung. Eins, zwei, drei. Über was unterhaltet ihr euch?

Neben unserem Geistführer haben wir auch einen uns zugeordneten Meister, der all seine Schüler betreut und dafür sorgt, dass wir in unserer Liebesentwicklung weiterhin Fortschritte machen. Und viele von uns haben sich nach Absprache für ihren Weg durch das Erdenleben ein oder sogar zwei Schutzengel ausgesucht. In der höheren Welt gibt es so viele verschiedene Möglichkeiten der vorgestellten Wirklichkeiten. Und sei gespannt, was du alles erkennen und erleben wirst.

Die Vorbereitung für das heutige Leben

Ab wann hast du den Wunsch, wieder als Erdenbürger zu inkarnieren? ... Warum möchtest du wieder in die Erdenschule der Liebe zurückkehren? ... Kannst du hier nicht alles viel besser erlernen? ... Oder warum ist es notwendig oder angebracht, weitere Erdenrunden zu durchleben? ... Wie bereitest du dich darauf vor?

Haben wir ein schreckliches Erdenleben gehabt, so wollen wir auf keinen Fall zurück auf die Erde. Doch wir lernen in Kursen, warum es wichtig ist, wieder zu inkarnieren. Wann wir uns dazu entschließen, hängt von unserem freien Willen ab, doch nehmen wir Empfehlungen von anderen, die es gut mit uns meinen, gerne an. Und oft ist es so, dass wir nach einem furchtbaren Leben nun ein angenehmes Leben haben wollen, ein Leben, in welchem wir Erfreuliches erleben dürfen, sei es mit Personen, mit der Arbeit, mit den äußeren Umständen, so dass wir nicht zu viel unter Krankheiten zu leiden haben. Noch karmisch Aufzulösendes wollen wir auf ein anderes weiteres Leben verschieben, um endlich erst mal wieder ein schönes Leben haben zu dürfen. Aber aufgeschoben ist nicht aufgehoben. Karmisch Auszugleichendes benötigen wir als Erfahrung, denn was wir anderen zufügten, im Guten oder im

Schlechten, wird auf uns zurückkommen. Doch das Gute können wir schon im neu zu planenden Leben ernten. Aber es gibt viele, die wollen alle ihre karmischen Ungereimtheiten im folgenden Lebensdurchgang auflösen und entscheiden sich für ein sehr anstrengendes, um nicht zu sagen schreckliches Leben, um mit dem bisher aufgeschobenen Karma endlich reinen Tisch zu machen. Diese Personen werden meist von einem sogenannten Selbstbestrafungsmechanismus begleitet.

Verabredest du mit einer bestimmten Person, dass ihr dann zusammen eine Liebesbeziehung oder sogar eine Ehe eingehen wollt? ... Weshalb ist solch eine Verabredung wichtig?

Meist verabredet man sich mit jemandem aus der Kernfamilie, ist man sich doch schon in mehreren Leben begegnet. Und vielleicht möchte man auch zusammen etwas auflösen. War man mit einem dieser jenseitigen Familienmitglieder schon verheiratet gewesen und hat sich gegenseitig sehr viel Leid zugefügt, so will man es im nächsten Leben nochmals mit einer Partnerschaft oder Ehe versuchen, um das, was damals falsch gelaufen ist, nun in Liebe aufzulösen. Denn wir kommen mit denen, die uns in vielen Leben nahestanden, immer wieder zusammen, bis wir zur gegenseitigen Liebe gefunden haben. Wer also seinen jetzigen Partner in weiteren Leben nicht mehr an seiner Seite haben möchte, sollte versuchen, noch in dem gegenwärtigen Leben alles in Liebe aufzulösen. Danach wäre man auch bereit für eine andere, sich vielleicht über mehrere Leben hinziehende neue Partnerschaft, in der wir auch unser Geschlecht gewechselt haben könnten, um mal der Mann, mal die Frau zu sein. Und dabei sollten wir immer an das Karmagesetz denken: Wer seine Frau unterdrückt und schlägt, muss ein Gleiches als spätere Frau durch einen anderen Mann erfahren.

Weißt du schon, was du einmal beruflich tun willst?

Viele, die gegen die Liebe verstoßen haben und sich gleichgültig gegenüber dem Leid der anderen gezeigt haben oder anderen direkt oder indirekt Schaden zufügten, entscheiden sich für einen Beruf, in dem sie anderen durch viel Liebe helfen können. Sie werden Ärzte, Heilpraktiker, Krankenschwestern, Sozialarbeiter und dergleichen mehr. Das heißt nun nicht, dass alle jene, die einen dieser Berufe gewählt haben, sich aus Wiedergutmachungsgründen dafür entschieden haben. Es gibt so viele verschiedene Gründe für eine Berufswahl. Vielleicht wollte er immer schon mal Arzt werden, aber dazu fehlte das Geld für ein Studium. Nun wird in der Planung alles so arrangiert, dass er diesem Wunsch dann auch nachkommen kann.

Seelisch weit Fortgeschrittene, also jene in der Liebe schon sehr Gereifte, können sich für eine Partnerschaft entscheiden, in der sie gemeinsam den Fortschritt in der Liebe fördern, indem sie sich vornehmen, anderen Menschen, vor allem Bedürftigen, beizustehen und sich in Liebe um sie zu kümmern. Wenn man sich dem Ende seines Reinkarnationszyklus nähert, ist man wie selbstverständlich zu einem in Liebe lebenden und gebenden Menschen geworden.

Wirst du Kinder haben wollen? ... Willst du wohlhabend, arm oder ausreichend versorgt sein?

Suchst du dir das Land aus, oder überlässt du es deinen Beratern? ... Lässt du dir die Eltern zuweisen, oder hast du sie dir schon selbst ausgesucht?

Wenn du unbedingt, aus welchen Gründen auch immer, in einem bestimmten Land wiedergeboren werden möchtest, dann kannst du es dir aussuchen. Doch wenn man sich schon mit seinen zukünftigen Eltern womöglich in der Kernfamilie abgesprochen hat, dann ist die Wahl für ein Land schon entschieden. Und du kannst jetzt die Aufnahme anhalten und nachfragen: *Ich möchte wissen, warum ich meine zukünftigen Eltern gefragt habe, ob ich bei ihnen zur Welt kommen darf. Oder haben sie mich vielleicht darum gebeten, ihr Kind zu werden? Wenn ja, aus welchen Gründen?*

Welche Schicksale wählst du dir aus und aus welchen Gründen? ... Gibt es noch vieles aus karmischen Gründen auszugleichen? Wenn ja, was?

Wir wählen unser Leben aus vielerlei Gründen aus. Vor allem wollen wir mit unserer Seele in der Liebe wachsen. Wir wollen erfolgreich sein in allem, was wir tun. Wir schauen in unser Karmalogbuch, was noch aus Erfahrungs- oder Wiedergutmachungsgründen karmisch abzugelten beziehungsweise auszugleichen ist. Es könnte sein, dass wir uns für einen Beinbruch entscheiden, weil wir vormals aus Wut jemanden die Treppe hinuntergeschubst haben, wobei sich jener das Bein brach. Denn alles Wichtige, was wir für ein Leben planen, soll auch durchgeführt werden. Und dein Geistführer achtet darauf, dass dieser Plan auch eingehalten wird. Er wird auch die Begegnung arrangieren, wo und wie du die als Ehepartner ausgesuchte Person treffen wirst.

Und was nimmst du dir als Hauptaufgabe vor?

Wird dein Geistführer wieder der sein, der auch in dem vergangenen Leben der deine war? ... Oder bekommst du einen anderen? ... Wird er dir zugewiesen, oder hast du ihn dir selbst ausgewählt?

Du kannst jetzt auch nach seinem Namen fragen. Und auch: *Wirst du bei mir sein, wenn ich dich brauche?*

Freust du dich auf deine bevorstehende Inkarnation? ... Ist der Plan für dein vorzunehmendes Erdenleben von dir selbst erstellt oder mit Beratung Wissender bereitet worden?

Und nun halte nochmals den gesprochenen Text an. Und frage dich: *Was habe ich mir für das kommende Leben (also für das heutige Leben) vorgenommen? Was sind meine ganz speziellen Ziele und Aufgaben? Auf was sollte ich mich besonders konzentrieren?* Frage aber nie nach deinem Todesjahr. Denn das könnte dich in deinem Denken und Wohlgefühl beinträchtigen. Doch frage noch *Was könnte ich besser machen? Wie soll ich mit bestimmten mir nahestehenden Personen umgehen? Wem müsste ich noch vergeben? Wer benötigt am meisten meine Zuwendung? Was kann ich tun, um andere und besonders mich selbst noch mehr zu lieben?* Und wenn du möchtest, kannst du dich auch noch bei denen, die dir Fragen beantwortet haben oder dir beim Erkunden der jenseitigen Welt geholfen haben, bedanken.

Rückkehr in das heutige Leben

Und nun wird bis drei gezählt. Und bei drei befindest du dich wieder vor dem Wolkentor bei deinem Höheren Selbst und kannst dich an alles erinnern, was du jetzt erlebt hast. Eins, zwei, drei. Auf einmal stehst du wieder vor dem Wolkentor bei deinem Höheren Selbst und kannst dich an alles erinnern. Nun frage: Wer von den Personen aus deinem vorausgegangenen Leben lebt auch in deinem heutigen Leben? ... Und warum begegnet ihr euch wieder? ... Was solltet ihr damals von und miteinander lernen? ... Und was sollt ihr in dem heutigen Leben mit und voneinander lernen? ... Und was sind nun deine weiteren Lernaufgaben für dieses Leben?

Und dein Höheres Selbst hüllt dich mit einem silbernen Stab, aus welchem ein weißes Licht fließt, in einen Lichtkokon. Und du spürst, wie eine hohe Liebesschwingung deinen Körper, deine Seele und deinen Geist erfüllt ... Du bedankst dich nun bei ihm für die Begleitung und Beratung.

Und mit einem Male befindest du dich wieder im Wolkenbett. Die goldenen Strahlen durchfluten deinen ganzen Körper mit Freude, Liebe, Heilkraft, Selbstsicherheit und Harmonie ... Und plötzlich bist du zu jener Heilquelle auf der Wiese zurückgekehrt. Und du trinkst von diesem warmen Heilwasser, das dir zusätzlich Heilkraft, Lebensfreude und Mut beschert ...

Und jetzt richtest du dich wieder auf und gehst in jene Richtung zurück, aus der du hierher gekommen warst ... Du gelangst zu einem kniehohen Stein. Du setzt dich darauf und schließt deine Augen. Du kannst dich an alles erinnern, was du in deinem vorausgegangenen Leben und in dem Zwischenleben erlebt hast.

Und jetzt hörst du auf der CD die Stimme, die sagt: "Gleich wird bis drei gezählt. Dann sind alle Schalter wieder auf 'An' gestellt. Und du öffnest wieder deine Augen und kannst dich an alles sehr gut erinnern und fühlst dich sehr, sehr wohl. Eins, zwei, drei. Du öffnest deine Augen und fühlst dich sehr, sehr wohl."

2. Teil
Jenseitserlebnisse aus Rückführungen

Der Vergewaltiger

Eine neunundzwanzigjährige verheiratete Klientin - ich nenne sie Brigitte - kommt zu mir, um sich von ihren lästigen Symptomen durch eine Rückführungstherapie möglichst befreien zu lassen. Hierzu eine Bemerkung. Wenn Menschen sie störende körperliche, psychische Probleme oder Disharmonien mit anderen Personen haben, also Symptome, welcher Art auch immer, sucht man gewöhnlich Hilfe bei Medizinern, Heilpraktikern oder alternativen Heilern mit der Bitte: "Befreien Sie mich von meinen Beschwerden." In der Rückführungstherapie ist der Therapeut nur Begleiter. Der Klient muss sich selbst von seinen Beschwerden befreien, denn er hat sie sich ja meist selbst in früheren Leben aufgeladen und muss in jene zurückkehren, um sich nach der Aufdeckung von ihnen zu befreien. Die Erfolge sind oft überwältigend. In der Anamnese beim Vorgesprächs nennt Brigitte ihre unliebsamen Symptome, von denen sie sich gerne befreien möchte. Dazu gehören ihr Luftmangel in Verbindung mit ihrer zu engen Nase, ihre Kopf- und Nackenschmerzen und ihr Heuschnupfen. Außerdem möchte sie keine Kinder haben. Wir einigten uns darauf, vor allem nach ihren Kopf- und Nackenschmerzen zu forschen, um diese als Vordringlichstes aufzulösen.

In ihrem zuerst aufgedeckten Leben ist sie ein Hunnenkrieger im 5. Jahrhundert n. Ch. und wird als Vierunddreißigjähriger während eines Kampfes von hinten tödlich in den Nacken getroffen. Im einem Leben im 19. Jahrhundert ist sie ein spanischer Obstverkäufer, dessen Äpfel von Kindern oft gestohlen werden, die ihn dann auch noch unter Hohn damit bewerfen. In seiner Wut drischt er auf einen dieser Bengel ein, so dass dieser tot am Boden liegen bleibt. Er wird zu einer lebenslänglichen Gefängnisstrafe verurteilt und stirbt mit neunundsiebzig Jahren.

In dem dritten von ihr aufgedeckten Leben befindet sie sich 1824 in Schweden. Sie ist ein sechzehnjähriges Mädchen namens Ina. Peter ist ihr Freund, der sie dennoch im Wald niederwirft und vergewaltigt. Sie fällt dabei auf einen Stein und blutet aus dem Kopf. Sie wäscht das Blut ab, doch die Eltern fragen sie aus, da sie merken, dass etwas nicht mit ihr stimmt und sie noch Blutspuren am Kopf hat. Sie dringen weiter in sie, und sie gesteht, was geschehen ist. Der Vater rennt in den Stall und holt die Sense, findet ihren Freund und bringt ihn mit der Sense um. Der Vater wird für diese Tat später gehängt. Ina stirbt mit sechzig Jahren. Und auf meine Frage, was sie nie wieder erleben möchte, antwortet sie: "Nie wieder schön sein."

Das folgende vierte Leben als Jan in Deutschland wird nun ausführlich wiedergegeben, da Brigitte viele Einzelheiten ihrer Jenseitserlebnisse schildert.

Und das HS (Abkürzung für Höheres Selbst) führt sie vor ein neues Wolkentor. Nachdem sie dieses passiert und sich in jenem früheren Leben wahrnimmt, werden zuerst die Kleidungsstücke beschrieben und betont, dass er sehr hässlich aussieht, versehen mit einer schrecklichen Nase. Er heißt Jan und ist ein deutscher Bauernsohn von einundzwanzig Jahren. Er befindet sich im Jahre 1721 auf dem Hof seiner Eltern.

(Und nun gebe ich die weitere Handlung im Dialog wieder. T, das bin ich.)

T: Habt ihr auch Mägde und Knechte?

J: Ja.

T: Bei drei kannst du mir sagen, was du gerade machst. Ein, zwei, drei.

J: Ich bin mit meiner Schwester auf einer Wiese.

T: Wie alt ist sie?

J: Sie ist neunzehn. Ich ziehe sie aus. Sie wehrt sich, sie strampelt. Sie ruft: "Nein, ich will nicht. Hör auf!" Sie hat ein schönes Kleid an. Ich kann nicht anders. Ich muss.

T: Nachdem du das beendet hast, lässt du sie liegen?

J: Ich lasse sie liegen. Ich gehe zurück in den Stall und arbeite weiter.

T: Sag mal. Hat dies irgendwelche Konsequenzen für dich? Sagt sie irgendetwas? Oder behält sie alles für sich?

J: Ja, ich werde vom Hof geschmissen. Ich muss gehen. Vater schimpft mich aus.

T: Und nun, Jan, es wird bis drei gezählt, und dann kommst du zu deinem nächsten wichtigen Erlebnis in deinem Leben. Eins, zwei, drei. Jetzt bist du da. Wie alt bist du?

J: Achtunddreißig. Ich arbeite in einer Mühle.

T: Ist es schwere Arbeit?

J: Ja, es ist schwer.

T: Kommt es noch zu irgendeiner Tat, wo du dich vergehst an einem Mädchen oder einer Frau?

J: Ja.

T: Und jetzt bist du da. Wie alt bist du denn da, Jan?

J: Achtunddreißig.

T: Wo bist du da?

J: In der Mühle. Die Tochter des Müllers ist bei mir.

T: Wie alt ist sie?

J: Vierundzwanzig.

T: Habt ihr euch schon ineinander verliebt? Oder will sie nichts von dir wissen?

J: Sie will nichts von mir wissen. Sie mag mich nicht, weil ich so hässlich bin. Doch ich will sie haben.

T: Wo geschieht es jetzt?

J: In ihrem Bett. Der Vater ist nicht da.

T: Gehst du in ihr Schlafzimmer?

J: Ja, ich gehe die Treppen hoch. Und ich öffne die Tür. Und da ist sie.

T: Ist das so ein Rausch, der über dich kommt? Wie ist das? Wehrt sie sich? Schreit sie?

J: Sie wehrt sich. Sie schreit um Hilfe. Sie kann sich nicht wehren, weil ich stark bin. Ich halte ihr den Mund zu.

T: Und wie geht es weiter? ... Hat das irgendwelche Konsequenzen für dich?

J: Ja, ich werde wieder rausgeschmissen. Muss wieder weg. *(Weint.)*

T: Hast du irgendetwas erfahren, ob deine Schwester oder diese Müllerstochter schwanger geworden sind?

J: Nein. Kein Kontakt.

T: Und schau noch mal nach, ob es sonst wo noch sexuell von dir ausgeübte Taten gab.

J: Ja.

T: Bei drei bist du da. Eins, zwei, drei. Wie alt bist du da?

J: Fünfundvierzig.

T: Wo bist du da?

J: Ich ziehe durch den Wald. Da ist ein Mädchen am Fluss. Sie singt. Ich höre zu.

T: Hat sie dich schon entdeckt?

J: Nein.

T: Und in dir steckt so eine ...

J: Ich muss es wieder tun. Ich muss sie haben. Ich überfalle sie. Ich halte ihr den Mund zu. Sie wehrt sich auch nicht. Sie ist so jung und schön.

T: Gehst du dann einfach wieder weg? Oder?

J: Ja. Ich lass sie da liegen. Ich renne durch den Wald. Und ich weiß, dass ich wieder was Schlimmes getan hab.

T: Hast du Schuldgefühle?

J: Ja. Ich hab zum ersten Mal Schuldgefühle.

T: Und hat das irgendwelche Konsequenzen für dich? ... Oder wirst du nicht entdeckt?

J: Ich werde nicht entdeckt.

T: Und kommt es noch zu irgendeiner anderen Vergewaltigung?

J: Nein.

T: Und es wird bis drei gezählt. Dann bist du gerade gestorben und kannst deinen Körper unter dir liegen sehen. Eins, zwei. drei. Du bist gerade gestorben. Kannst du deinen Körper sehen? Wo liegt er?

J: In einem Pferdestall.

T: Wie alt bist du da geworden?

J: Vierundfünfzig.

T: Und an was bist du denn gestorben?

J: Das Pferd hat mich totgetreten.

T: Wo hat der Huf dich getroffen?

J: Im Bauch, im Gesicht. Überall. Auch am Kopf.

T: Lagst du dann unter dem Pferd?

J: Die Tür hat geklemmt. Ich komm nicht raus aus der Box. Und von hinten hat er mich getreten.

T: Und jetzt siehst du deinen Körper da in der Box liegen?

J: Ja.

T: Sag mal, siehst du auch Blut?

J: Ja, auf dem Hinterkopf. Es blutet ganz viel. Ich lieg' auf dem Bauch.

T: Und wenn du jetzt auf dein Leben zurückblickst und würdest sagen: "Ich will nie wieder ...?" Was wäre das denn?

J: Ich will nie wieder eine Frau vergewaltigen. Nie wieder.

T: Auch: "Ich will nie wieder hässlich sein?"

J: Ich will so aussehen, dass ich immer jemanden kriege.

T: Es wird bis drei gezählt, dann weißt du, ob irgendjemand erscheint, der dich abholt. Eins, zwei, drei. Jan, kommt da irgendjemand, der dich da abholt?

J: So jemand mit so langen weißen Haaren. Ein Mann in einem schönen weißen Gewand.

T: Und wie empfängt er dich?

J: Er nimmt mich an die Hand. Und wir schweben.

T: Und wo bringt er dich jetzt hin?

J: Auf so eine Wiese.

T: Und wie sieht es da aus?

J: Da sind ganz viele Blumen. Es ist so eine dunkle Lichtung. Dunkler Wald drumherum.

T: Und was sagt er zu dir?

J: Dass ich mich ausruhen muss. Ich setze mich auf die Wiese.

T: Du sagst, da ist es so dunkel. Scheint da keine Sonne?

J: Da ist keine Sonne.

(Täter kommen zuerst in dunkle Bereiche, um über ihre Vergehen nachzudenken.)

T: Und wie fühlst du dich dort?

J: Nicht gut.

T: Hast du Schuldgefühle?

J: Ja. Mir tut es so leid. Und der Mann ist so nett zu mir.

T: Hat er noch was zu dir gesagt?

J: Ich solle mich hier ausruhen. Er kommt wieder und holt mich wieder ab.

T: Und was fühlst du da, bevor er wiederkommt? Gehst du da herum? Oder bleibst du sitzen?

J: Ich bleib sitzen. Ich denke nur nach, was ich getan habe.

T: Hast du noch Reuegefühle?

J: Ja, ganz viel.

T: Siehst du die Szenen wieder, wo du vergewaltigt hattest?

J: Ja. Auch die mit meiner Schwester.

T: Jetzt kommt dieser Mann wieder. Wo bringt er dich hin?

J: Da sieht es ganz schön aus. Da ist so ein Bach und so viele Blumen. Da ist alles heller.

T: Und was nimmst du noch wahr?

J: Da sind viele Menschen. Frauen, Männer, Kinder. Die spielen.

T: Wie kommt dir dies alles vor?

J: Wie so eine Märchenlandschaft.

T: Machst du da mit?

J: Ich schau nur zu. Ich hab noch ein bisschen Angst. Weil ich auch nicht weiß, was da los ist. Die sind alle so fröhlich. Alle glücklich.

T: Und wie geht es da weiter mit dir?

J: Ich habe einen Ball. Ich spiele mit den Kindern.

T: Sag mal, du bist mit vierundfünfzig Jahren verstorben. Wie ist denn dein Körper jetzt? Wie nimmst du ihn wahr? Ist er auch noch im Alter von vierundfünfzig Jahren?

J: Ich fühle mich richtig fit, so wie neunzehn.

T: Ist das nicht etwas Wundervolles?

J: Ganz toll. Ich bin richtig froh, hier zu sein.

T: Und jetzt schau mal, was dein nächstes Erlebnis ist.

J: Eine Frau kommt auf mich zu. Die glitzert. Die hat so ein glitzerndes rotes Gewand an.

T: Wie alt ist diese Frau ungefähr?

J: So wie ich. Neunzehn. Wir gehen an einen Bach. Wir sitzen da und gucken ins Wasser. Es ist einfach nur schön, da zu sein.

T: Spricht sie was zu dir?

J: Sie sagt: "Ich freue mich, dich wiederzusehen."

T: Wer ist sie denn?

J: Weiß ich nicht.

T: Erkennst du sie nicht irgendwie, wo sie doch sagt, sie freue sich, dich wiederzusehen? Hast du vielleicht eine Ahnung, wer sie sein könnte?

J: Nein.

T: Fragst du sie nun, woher ihr euch kennt?

J: Ich frage sie. Jetzt lacht sie. Sie sagt, das werde ich noch erfahren. Jetzt ist es dafür noch zu früh für mich. Ich bin einfach froh, in ihrer Nähe zu sein.

T: Und weiter.

J: Sie nimmt mich mit.

T: Wohin denn?

J: Zu so mehreren Leuten. Und dort spielen wir zusammen in einem Kreis und fassen uns alle an den Händen. Und wir tanzen da und lassen so bunte Tücher fliegen. Wir singen. Da spielt so einer Harfe oder ein Zupfinstrument.

T: Und komme bei drei zu einem nächsten Erlebnis, Jan. Eins, zwei, drei. Jetzt bist du da. Wo bist du?

J: (Pause)

T: Und wenn bis drei gezählt worden ist, dann erfährst du, wer diese junge Frau ist, die dich an die Hand genommen hat. Eins, zwei, drei. Jetzt bist du bei ihr.

J: Sie war meine Mutter gewesen.

T: Sie hat sich ja auch wieder verjüngt, deshalb hast du sie nicht wiedererkannt. Wenn du deiner damaligen Schwester wiederbegegnest, dann erlebst du bei drei dieses Erlebnis. Eins, zwei, drei. Erkennst du deine vergewaltigte Schwester wieder?

J: Ja.

T: Jetzt schildere mal dieses Erlebnis. Wo triffst du sie?

J: Sie kommt über einen Berg gelaufen, über so einen Hügel.

Mit mehreren kommt sie herunter. Und ich erkenne sie, obwohl sie anders aussieht. Sie hat so einen Kranz auf ihrem Kopf. Ich geh auf sie zu und umarme sie.

T: Und wie reagiert sie?

J: Fröhlich, glücklich.

T: Warum wirft sie dir nichts vor?

J: Sie wirft mir nichts vor.

T: Ist das nicht eigenartig?

J: Ich weiß nicht, warum.

T: Und spricht sie zu dir?

J: Sie sagt nur: "Komm! Spiel mit uns, geh mit uns." Ich spiele mit.

T: Und wenn du der Müllerstochter wiederbegegnen solltest ... Dann bei drei erlebst du das Wiedersehen. Eins, zwei, drei.

J: Sie sitzt auf einem Stein und spielt Harfe. Sie spielt wunderschön.

T: Hörst du ihr zu?

J: Hmm.

T: Hast du sie gleich wiedererkannt?

J: Ich habe sie wiedererkannt.

T: Und, gehst du auf sie zu?

J: Ja, ich gehe auf sie zu.

T: Sagt sie was?

J: Sie sagt: "Komm, setz dich neben mich. Ich zeig dir, wie das geht." Sie weiß, dass ich dieser Jan bin. Sie ist nett zu mir. Ganz lieb zu mir.

T: Kommt es dir nicht eigenartig vor, dass sie, obwohl du ihr so viel Weh angetan hast, so lieb zu dir ist?

J: Schon komisch. Aber der Mann, der mich mitgenommen hat, hat zu mir gesagt, dass man hier oben viel vergisst.

T: Aber sie weiß ja, was du ihr angetan hast.

J: Aber hier ist alles nicht mehr so schlimm. Man vertraut. Man weiß, dass man das erleben musste.

T: Das heißt, man erfährt, warum das geschehen sollte?

J: Ja.

T: Das heißt, dass diese Vergewaltigung geschehen sollte?

J: Ja, das wissen sie. Aber ich weiß es nicht.

T: Und wenn du jenes Mädchen wiedertriffst, das du am Bach vergewaltigt hast, dann erlebst du bei drei auch dieses Wiedersehen. Eins, zwei, drei.

J: Sie schwimmt. Ich spring auch in den See. Wir schwimmen zusammen. Wir lachen. Wir machen Quatsch. Wir albern rum. Wir berühren uns an den Füßen. Dann schwimmt der eine weg, und der andere muss einen wieder fangen. Rehe sind um uns.

T: Sie weiß ja genau, wer du bist. Doch sie reagiert, als ob nichts zwischen euch geschehen wäre.

J: Hier sind wir frei. Wir sind so glücklich. Es ist alles so schön da.

T: Wie sieht denn die Landschaft dort aus?

J: So hell, voller Farben. So schön sauber. Alles riecht so schön.

T: Gibt es auch Tiere?

J: Rehe, diese gepunkteten Rehe. Und so ganz kleine Hasen, die man streicheln kann. Sie sitzen auf einem Stein und gucken uns zu. Und Bienen, aber sie stechen nicht. Die fliegen da herum.

T: Gibt es hier auch Blumen?

J: Ja.

T: Dann schau sie dir doch mal genauer an. Was ist der Unterschied zwischen jenen auf der Erde und den hiesigen?

J: Sie sind hier größer, noch bunter. Sie glitzern und funkeln.

T: Gibt es hier überhaupt eine Sonne oder ist die gar nicht notwendig?

J: Doch. Alles ist hell.

T: Woher kommt denn das Licht? Erzeugt denn alles das Licht aus sich selbst heraus? Oder?

J: Es kommt aus der Luft.

T: Denkst du auch manchmal an dein Leben als Jan zurück?

J: Nein, nicht mehr. Hier ist alles so unbeschwert. Ich hab es vergessen.

T: Gehörst du zu irgendeiner Kerngruppe von Menschen, von Seelen, die dort sind und so eine jenseitige Familie darstellen?

J: Ja.

T: Und nun sei mal dort. Wie viele sind dort?

J: Ja, etwa zwanzig.

T: Und erkennst du jemanden aus deinem Leben als Jan oder aus anderen Erdenleben?

J: Meinen Vater. Meine Schwester.

T: Und nun schau mal. Bevor du als Jan auf die Welt kamst, habt ihr da etwas abgemacht? Wusste sie, dass sie vergewaltigt werden sollte?

J: Ja, wir hatten das ausgemacht.

T: Und warum wolltest du hässlich als Jan zur Welt kommen?

Gab es dafür einen Grund?

J: Damit mich niemand liebt und ich niemanden kriege.

T: Und sag mal, wenn du als Jan einen Geistführer hast, der dich begleitet, dann begegnest du ihm bei drei. Eins, zwei, drei. Ist da jemand, der dir unsichtbar nahe war als Jan? Ist jener eine Sie oder ein Er?

J: Ein Mann.

T: Und wie heißt er?

J: Loel.

T: Und unterhalte dich mal mit ihm. Inwiefern hast du eigentlich Schuld, weil du die Frauen vergewaltigt hast? Was sagt er dazu?

J: Er sagt nichts.

T: Frag ihn mal, warum er dein Geistführer geworden ist. Habt ihr schon mal in einem früheren Leben zusammengelebt?

J: Er sagt, es ist noch nicht an der Zeit, dir all dies jetzt zu sagen. Ich darf das jetzt noch nicht wissen.

T: Und bei drei bist du auf einmal wieder vor dem Wolkentor und kannst dich an alles erinnern und fühlst dich sehr, sehr wohl. Eins, zwei, drei. Du befindest dich wieder vor dem Wolkentor bei deinem Höheren Selbst und kannst dich an alles erinnern. Und das Höhere Selbst gibt dir ein Schälchen mit einer Heilflüssigkeit und sagt: "Nun trinke davon, Brigitte, damit du dich wieder sehr wohlfühlst." Und du trinkst nun von dieser Flüssigkeit ... Dann reichst du das Schälchen zurück und fühlst dich auf einmal wieder sehr, sehr wohl. Und du fragst nun dein Höheres Selbst: "Meine Schwester von damals, lebt sie im heutigen Leben?" Wenn ja, dann weißt du das auf einmal.

J: Meine Mutter.

T: Und die von dir vergewaltige Müllerstochter, lebt sie in deinem heutigen Leben?

J: Mein Vater.

T: Und wer ist denn diese Neunzehnjährige?

J: Mein Bruder.

T: Du bist ja damals durch die Tritte des Pferdes zu Tode gekommen. Hat das in deinem heutigen Leben noch irgendwelche Nachwirkungen?

J: Ja.

T: Bauchschmerzen gehören auch dazu?

J: Ja. Auch das Gesicht.

T: Noch andere Beschwerden?

J: Ja, dass ich keine Luft kriege.

T: Hat das damit zu tun, dass du von dem Huf auf der Brust getroffen wurdest?

J: Ja.

T: Gibt es noch etwas an Beschwerden, die von dem Pferd kommen?

J: Ich bin allergisch gegen Pferde.

T: Aber du hast jetzt keine Phobie vor ihnen?

J: Nein, aber Respekt. Ja, sogar Angst.

T: Frage einmal dein Höheres Selbst, was als Nächstes wichtig wäre, jetzt noch aufzudecken.

Anschließend, nach der Frage an das Höhere Selbst, ob es eventuell noch ein Leben für ihre Atemnot im heutigen Leben gibt, wird Brigitte zuerst in ein Leben geführt, in dem sie sich als ein vierunddreißigjähriger Mann in der Wüste wahrnimmt, der in einem Sandsturm erstickt. Danach wird sie noch in ein fünftes früheres Leben geführt, in dem sie als Sechsjähriger in Indien von einem Elefanten gefallen ist und sich dabei eine Brustrippe gebrochen hat, so dass sie an Luftmangel verstarb. Anschließend wird sie auf den Berg der Erkenntnis geführt, wo sie alle fünf früheren Leben unter sich ausgebreitet sieht und nun mit Hilfe ihres Höheren Selbst die Zusammenhänge erkennt, weshalb sie all diese Symptome im heutigen Leben erleiden muss. Und sie erkennt auch, wer die Leute waren, die ihr Schaden zufügten, und umgekehrt erkennt sie, wo sie anderen Böses angetan hat. Alsdann überreicht ihr das Höhere Selbst den goldenen Kelch mit der Flüssigkeit der Liebe, der Vergebung und der Leid- und Schuldauflösung, den sie den Personen reicht, auch jenen im heutigen Leben, die sie um Vergebung bittet oder denen sie vergibt. Und sie selbst vergibt sich und löst sich von ihren Leiderfahrungen und ihren Schuldgefühlen. Und in den ihr dargereichten Kiefernzapfen stopft sie Folgendes hinein:

"Ich befreie mich von meinen Atembeschwerden, von der Nasenenge, den Kopf- und Nackenbeschwerden, dem Heuschnupfen, meiner Wut und dem Zorn, von der Disharmonie mit den Eltern, meinem Mann und meinem Bruder." Dieser Zapfen wird daraufhin in ein Lichtfeuer gelegt, wodurch sich der darin befindliche Inhalt auflöst. Das Höhere Selbst führt sie in das Wolkenbett zurück. Auf der Wiese nimmt sie ein warmes Heilbad und kehrt ins Hier und Jetzt zurück. (Der ganze Prozess des Rückführungsverlaufs ist in meinem Buch DAS GROSSE HANDBUCH DER REINKARNATION - HEILUNG DUCH RÜCKFÜHRUNG (siehe Literaturverzeichnis) beschrieben.)

Ich schreibe meinen Klienten einige Monate später eine Mail, um mich nach dem Ergebnis der Rückführungstherapie zu erkundigen. Ich erhielt dann folgende Mail von Brigitte:

“Zu deiner Frage, was sich seitdem verändert hat: Nun, meine Kopf-/Nackenschmerzen habe ich wirklich überhaupt nicht mehr. Mit der Nase ist es besser geworden. Wut und Zorn spüre ich eher nur noch selten. Der Heuschnupfen dauerte dieses Jahr nur noch vier Tage. Das war toll. Sonst bin ich sehr froh, dass ich eine Rückführung bei dir durchgeführt habe.

Auf meiner Arbeit hat mich neulich ein Kollege angesprochen, was ich von Rückführungen in andere Leben halte. Ich habe ihm daraufhin erzählt, dass ich mich bereits in frühere Leben zurückführen ließ. Der Kollege war ganz erstaunt und wollte mehr darüber wissen, wie das funktioniere und was ich gesehen hätte. Der Kollege war zunächst skeptisch und sagte, dass er Angst davor habe. Je länger wir über die Reinkarnation und die Rückführung redeten, desto mehr verlor er seine Angst und wollte sich näher mit dem Thema auseinandersetzen. Ich habe ihm deine Bücher sowie die CD empfohlen.

Ich persönlich beobachte in meinem Umfeld, dass immer mehr Leute neugierig werden auf ‘spirituelle’ Themen ... Der Bewusstseinssprung kann ja dann kommen!

Sonnige Grüße

Brigitte.”

Freundschaften aus früheren Leben

Berta ist eine neunundfünfzigjährige geschiedene Sonderschullehrerin. Mit ihrer Freundin Erika war sie auch in fernen Ländern. Doch da Berta mal eine Gruppenreise unternahm, ohne Erika mit einzubeziehen, ist wieder Rivalität zwischen ihnen entflammt. Berta als Nichtraucherin leidet dennoch unter Lungenproblemen und vor allem seit ihrer Jungend unter ständigem Räuspern, wogegen keine Medikamente zu helfen scheinen. Jenes Leben, in welchem sie ihre Erlebnisse in der jenseitigen Welt schildert, werde ich wieder als Dialog wiedergeben, den ich damals mitschnitt. (Jeder, der bei mir eine Rückführung durchführen lässt, bekommt anschließend seine auf CD gebrannte Aufnahme.) Mit Hilfe ihres Höheren Selbst wurden vier frühere Leben aufgedeckt. Das zweite ist für unser Buch wegen der Jenseitsschilderung von besonderer Bedeutung, jedoch werde ich auch die drei anderen kurz zusammenfassen, damit die Zusammenhänge besser zu verstehen sind.

Im dem ersten der vier aufgedeckten Leben, in welchem wir nach ihren Lungenproblemen forschen, ist sie eine Magd in Italien, die seit ihrer Vergewaltigung im sechzehnten Lebensjahr durch ihren Gutsherren mit diesem verkehrt – anfangs gegen ihren Willen, danach mit Gleichgültigkeit. Bis zu ihrer Vermählung mit vierundzwanzig hat sie über hundert Mal sexuell mit ihm verkehrt. Nach diesem ersten Mal beschmiert sie ihr Gesicht mit Dreck, um diesen Sexbesessenen, der mit vielen Mägden sexuell verkehrt, von seinem weiteren Vorgehen abzuschrecken. Doch vergeblich. Bis sie es schließlich erduldet. Gegen eine mögliche Schwangerschaft nimmt sie einen Kräutersaft ein, der aber das Atmen erschwert. Mit sechsundfünfzig stirbt sie an Lungenentzündung. Dieser Gutsherr, wie ihr das Höhere Selbst vor dem Wolkentor anschließend offenbart, ist ihre Freundin Erika.

In dem zweiten anschließend aufgedeckten Leben ist das Hauptthema ihre Freundin Erika. Nachdem das Tor geöffnet ist, steht die Seele von Erika in einem anderen Körper vor ihr. Berta nimmt sich als Dreißigjähriger in Thailand wahr, sie ist ein glücklich verheirateter Reisbauer namens Marco. Vor ihm befindet sich seine Frau, die ihm sein Vater gekauft hat und die er sehr liebgewonnen hat. Sie unterhält jedoch ein heimliches Verhältnis. Als er es zufällig entdeckt, verschlägt es ihm den Atem. Um weiterhin mit ihrem Geliebten zusammenzukommen, mischt sie in das Essen ihres Mannes Schlangengift. Mit dreißig stirbt er auf dem Reisfeld an dieser Vergiftung.

T: Und nun schau mal: Was erlebst du jetzt nach deinem Tod? Bleibst du über deinem Körper, oder kommt jemand auf dich zugeschwebt, der dich abholt?

M: Es holt mich jemand ab. Es sieht so aus, als wenn eine Wolke kommt und mich wie in einem Wolkenfahrstuhl hochzieht.

T: Und es wird bis drei gezählt, dann weißt du, wo du angekommen sein wirst. Eins, zwei, drei. Jetzt bist du da.

M: Ich komme dort an. Es sieht so aus wie die Eingangshalle eines Hotels, doch anstelle von Marmorsäulen sind dort Wolken. Dann gehe ich in eine Halle aus Wolken hinein. Alles ist mit weißgoldenem Licht durchflutet.

T: Was erlebst du da jetzt? Kommt jemand auf dich zu? Oder was geschieht?

M: Ich bin erst mal irritiert von diesen Lichtstrahlen. Doch da sind irgendwelche. Da kommt jetzt eine Gestalt auf mich zu.

T: Kennst du diese?

M: So von der Seele her könnte es mein Bruder sein.

T: War er schon gestorben?

M: Offenbar. Er nimmt mich jetzt sanft in den Arm.

T: Wie kommt dir nun alles vor, was du da erlebst? Wusstest du schon vor deinem Tod, was einen danach erwartet?

M: Es ist irgendwie neu und gleichzeitig bekannt. Ich muss da schon vormals irgendwie gewesen sein.

T: Und was macht der Bruder mit dir?

M: Ich bin in seinen Armen und er sagt: "Wir müssen noch etwas warten."

T: Und jetzt weißt du, auf was ihr gewartet habt.

M: Da geht jetzt wieder so eine Art Fahrstuhltür auf, und da kommt so eine Art Wesenheit raus. Sie strahlt von innen heraus. Sie sieht gar nicht so lebendig aus. Sie wirkt auf mich wie ein Denkmal. Und trotzdem ist das Ganze verwirrend. Ich fühle mich hier willkommen. Jetzt wird die Gestalt immer heller.

T: Umarmt ihr euch? Oder was geschieht?

M: Es schwebt auf mich zu mit seinem Licht. Und ich gehe hinein und werde gleichzeitig hineingezogen, ohne dass es da so eine Schranke gibt, als wenn Nebel einen umhüllt.

T: Komm mal bei drei zu dem nächsten wichtigen Ereignis. Eins, zwei, drei. Jetzt bist du da. Was erlebst du?

M: Es ist so ein Besprechungsraum. Eine Tafel haben die.

T: Wie sehen die denn aus, die da sind?

M: Ich muss mich mal umdrehen.

T: Ist das so eine lange Tafel?

M: Es ist so ein Halbkreis. Sie sitzen dort. Es sind so freundliche, nette Wesen, schwer zu sagen, ob sie Männer oder Frauen sind. Sehr wohlwollend.

T: Was machen sie denn jetzt?

M: Die wollen mir jetzt auf der Leinwand da vorn was zeigen.

T: Stehst du vor ihnen?

M: Da haben sie so einen bequemen Sessel, wo ich mich reinsetzen soll. Dann beginnt so eine Art Diashow. Ich versteh noch nicht ganz, was ich tun soll. Es ist so eine Art Leinwand, auf die etwas projiziert werden soll.

T: Und was wird da projiziert?

M: Im Moment habe ich noch Schwierigkeiten wahrzunehmen. Denn was ich da sehe, kann ich im Augenblick noch nicht so richtig zuordnen. Jetzt stellen sie die Projektion ein wenig anders ein. Ich glaub, die wollen mir mein Leben zeigen.

T: Deine früheren Leben oder das, was du gerade gelebt hast?

M: Meine gesamten Leben bis heute. Und dann fragt mich einer von denen, ob ich schon das geschafft habe, was ich gewollt habe.

T: Was meint er wohl damit?

M: Das hat mit meinem letzten Leben zu tun, dass ich, auch wenn ich der Besitzer bin, nicht über jemanden bestimmen kann. Dass ich etwas nicht zulassen will, dem anderen die Freiheit nicht geben will, ich muss aber sein Herz bestimmen lassen, auch wenn es mir wehtut.

T: Was soll dir das hinsichtlich der Beziehung zu deiner Frau sagen?

M: Ich konnte sie nicht freilassen in der Situation, weil das nicht vereinbar war mit meiner männlichen Würde. Und ich habe keine andere Lösung gefunden. Während sie ihre Lösung fand, indem sie mich vergiftet hat.

T: Und es wird gleich bis drei gezählt, dann wirst du deiner Frau nach ihrem Tod wiederbegegnen. Eins, zwei, drei.

M: Sie ist einerseits tief glücklich und gleichzeitig tief traurig.

T: Und wie reagiert sie, wo sie dich jetzt wahrnimmt?

M: Sie beginnt zu weinen. Und ich muss auch weinen.

T: Kommt ihr aufeinander zu? Oder was geschieht?

M: Ja, sie kommt auf mich zu und sagt dann: "Ich habe das falsch gemacht. Ich hätte dich nicht vergiften dürfen."

T: Ist sie denn mit ihrem Geliebten noch glücklich geworden?

M: Nein, ist sie nicht. Und das betrübt mich dann auch wiederum.

T: Hat sie denn dann selbst noch Reue empfunden?

M: Offensichtlich hat sie verstanden, dass ich sie geliebt habe und dass ich sie trotz ihrer Untreue bei mir behalten wollte, ohne dass sie mich so lieben konnte, wie ich es gerne gehabt hätte. Aber das hat sie wohl respektiert.

T: Nun geh mit ihr durch diese wundersame Welt. Schau sie dir mal an. Beschreib sie mal. Wie sieht diese denn aus?

M: Da sind so Gebäude wie Wolkenschlösser, die mit dem Licht so aussehen, als ob sie vergoldet wären. So ein bisschen rokokohaft mit Verschnörkelungen dazwischen.

T: Sehen sie etwas indisch aus oder europäisch - oder ganz anders?

M: Sie sehen schon europäisch aus, so in Richtung Frankreich.

T: Wie fühlst du dich denn da?

M: Total frei.

T: Kannst du gehen, schweben? Wie bewegst du dich denn so?

M: Es ist so ein Schweben.

T: Sag mal: Hast du dein eigenes Zuhause?

M: Ja, ich weiß nicht. Ich brauch da kein Zuhause.

T: Hast du einen Wunsch, was du besonders gerne machen möchtest?

M: Meine Hauptbeschäftigung ist es, anderen, wenn sie zu uns kommen, zuzuhören, mit ihnen anzuschauen, was sie erlebt haben.

T: Sag mal, wie heißt du eigentlich?

M: Marco.

T: Wo hast du eigentlich gelebt? War es Indien? Oder wo?

M: Ich war in Thailand. Warum man mich Marco genannt hat, weiß ich nicht. Doch ich weiß, dass meine Mutter mich anders genannt hat.

T: Und bei drei bist du auf einmal wieder vor dem Wolkentor, kannst dich an alles erinnern und fühlst dich sehr, sehr wohl. Eins, zwei, drei. Du befindest dich wieder vor dem Wolkentor bei deinem Höheren Selbst und kannst dich an alles erinnern. Und das Höhere Selbst reicht dir ein Schälchen mit einer Heilflüssigkeit und sagt: "Nun trinke davon, Berta, damit du dich wieder sehr wohlfühlst." Und du trinkst davon ... Dann reichst du das Schälchen zurück und fühlst dich auf einmal wieder sehr, sehr wohl. Und du fragst nun dein Höheres Selbst: "Sind da noch irgendwelche Nachwirkungen zurückgeblieben, die ich im heutigen Leben noch spüre?"

Berta: Ja, das Schlangengift, das sie mir ins Essen getan hat.

T: Frag mal: Welche Bedeutung hat jenes Leben, in welcher die heutige Freundin Erika deine Frau war, die dich vergiftete?

B: Sie sucht meine Nähe - und dann doch wieder nicht. Gleichzeitig weiß sie, dass sie nicht aus dieser Situation heraus kann.

T: Hat sie dir gegenüber ein Wiedergutmachungsgefühl, um ihre damalige Schuld auszugleichen?

B: Ich frag mal das Höhere Selbst ... Auch. Aber es handelt sich auch um die Kontrolle, die sie über mich hatte, bevor sie mich vergiftete. Sie will Macht über mich haben. Und doch, ich liebe sie immer noch. Doch ich bin zutiefst enttäuscht, dass sie mich vergiftet hat.

T: Hast du heute noch Gefühle, dass sie dir wieder etwas Schädigendes zufügen könnte?

B: Es ist so eine Liebe mit Sicherheitsabstand, so dass verbale oder andere Gifte mich nicht mehr erreichen.

T: Frag mal dein Höheres Selbst, ob es noch ein anderes Leben gibt, das wir jetzt aufsuchen sollten?

M: Das mit Erika ist o.k.

T: Frage dein Höheres Selbst: Habe ich einen Bestrafungsmechanismus in mir, der es mir nicht erlaubt, vollkommen glücklich zu sein?

M: Es produziert jetzt gerade Gitter vor meinen inneren Augen.

T: Dann gehe doch mal sogleich in jenes Leben hinein. Bei drei bist du da. Eins, zwei, drei.

Nach jenem Leben, wo sie vom Gutsherren viele Male vergewaltigt worden war, hatte sie sich daraufhin im Jenseits entschieden, sich allem Geschlechtsverkehr zu entziehen und schon mit vierzehn Jahren ins Kloster zu gehen. Dort erlebt sie zur Zeit der deutschen Bauernkriege im 16. Jahrhundert, wie das Kloster von Bauern eingenommen wird und die Nonnen vergewaltigt werden, während sie sich aber verstecken kann. Doch das Kloster wird noch angesteckt. An Unterernährung und einer Lungenentzündung stirbt sie mit dreißig Jahren.

Doch in jenem vierten aufgedeckten Leben, das lange vor den anderen hier aufgedeckten Leben stattfand, war sie in der Tundra ein Mongolenanführer, der mit seinen Kriegern Dörfer niederbrannte, die Frauen vergewaltigte und alles wertvolle Gut mitnahm. Außer den vielen von ihm vergewaltigten Frauen verfügt er über mehrere Beischläferinnen, obwohl er mit einer Hauptfrau und fünf Nebenfrauen verheiratet ist. In seinem fünfzigsten Lebensjahr stürzt er vom Pferd und bricht sich die Rippen.

Dies ist nun das Täterleben. Die Vergewaltigung, die er da verübt hatte, musste seine Seele in jenem späteren Leben als Magd erleben, die über hundertmal von ihrem Gutsherren vergewaltigt worden war.

Und nachdem das Höhere Selbst sie auf den Berg der Erkenntnis geführt hat und sie sich die Gründe für ihre heutigen Symptome samt der Disharmonie mit Erika nochmals genauer ansah, steckt sie in den ihr vom Höheren Selbst dargereichten Zapfen folgende dreimal zu wiederholende Programmierung:

"Ich befreie mich vom Räuspern und meinen Lungenproblemen, von meinen Rückenschmerzen, von der Angst vor Feuer, von meinem Gelübde der Keuschheit und des Armseins, von meinem Wiedergutmachungskomplex und meinen Minderwertigkeitsgefühlen, meinen Schuldgefühlen und meiner Disharmonie mit Erika."

Dieser nun mit ihren Programmierungen vollgestopfte Zapfen wird in ein Lichtfeuer gelegt, wo er sich samt Inhalt auflöst.

Und bevor sie über das Wolkenbett und die Wiese wieder in ihr gegenwärtiges Leben zurückgeführt wird, formuliert sie noch ihre Programmierung für ihr weiteres Leben: "Ich bin von nun an eine freie, mutige, attraktive und liebende Frau."

Ein Jahr später, auf meine Nachfrage hin, erhielt ich von ihr folgende E-Mail.

"Ich konnte die Situationen mit Erika gut aushalten. Es hat sich alles entspannt. Räuspern und Lungenprobleme sind mir zur Zeit nicht mehr aufgefallen! Die Angst vor Feuer scheint mir im normalen Bereich zu liegen. Weiterhin erheblich gesteigert hat sich mein Selbstwertgefühl. Es ist wirklich erstaunlich, wie viel sich bereits mit einer Sitzung bewerkstelligen lässt! Ich bin insofern äußerst zufrieden. Herzlichen Dank noch einmal. Und es ist gut für mich zu wissen, dass ich mir bei dir jeder Zeit einen Termin für eine weitere Sitzung holen könnte!"

Weitere jenseitige Erlebnisse von Zurückgeführten

Wie du, lieber Leser, bereits an den beiden gerade beschriebenen Jenseitserlebnissen erkennen konntest, unterscheiden diese sich voneinander. Und dennoch sind beide authentisch. Denn das Jenseits wird von vielen ganz individuell erlebt. Gehören wir irgendwelchen spezifischen Kulturen oder Religionsrichtungen an, so wird sich uns das Jenseits anders zeigen, zum Beispiel wird ein shintoistischer Japaner ein anderes Jenseits erleben als ein Bantu aus Afrika oder ein Eskimo. Denn oft ähneln die in der höheren Welt wahrgenommen Landschaften denen auf der Erde, nur ist alles oft dimensionsmäßig verschönert. Und da es im Sommerland, jener Hauptebene, auf der sich die meisten Ankömmlinge einfinden, viele vorstellungsbedingte Bereiche gibt - bedingt durch Kulturen und Religionen - so befinden sich auch darunter und darüber Ebenen, wo sich jene aufhalten, die dort aufgrund ihrer mitgebrachten Seelenschwingungen vorübergehend oder länger verweilen. Ein jeder hat seine eigenen Vorstellungen, dazu kommt die Summe der Vorstellungen aller anderen, die dort verweilen. Aber die Kernerlebnisse werden zum größten Teil in allen Jenseitsaufenthalten die gleichen sein, zum Beispiel das Wiedertreffen von auf Erden geliebten Personen, die Rückkehr in die

Kerngruppe, das Beiwohnen der Beerdigung beziehungsweise Körperverbrennung, die Besuche als Unsichtbarer auf Erden, das Schwebenkönnen und dass man sich gedanklich an irgendeinen Ort versetzen kann, das Treffen eines Geistführers oder Meisters wie noch vieles andere mehr.

Auf der CD wirst du auch deine eigenen Jenseitswahrnehmungen gehabt haben. Wir bringen in unsere Jenseitserfahrungen oft die Vorstellungen mit, die wir schon auf Erden bewusst oder unbewusst in uns verankert haben, mögen sie aus früheren Leben stammen oder aus unseren nächtlichen Reisen, wenn wir uns sogar in jenseitigen Gefilden aufhalten können. Im Folgenden werde ich noch einige Jenseitserlebnisse anfügen, die von mir Zurückgeführte erlebt haben. Doch in der Rückführungstherapie gehen wir nur nebenbei in die nachtodlichen Erlebnisse, steht doch die Auflösung der jeweiligen Symptome und sonstigen Störungen samt dem Aufdecken der betreffenden früheren Leben im Vordergrund. Wie schon erwähnt, kann eine einzige Rückführungstherapiesitzung 3 bis 6 Stunden oder auch länger dauern. Deshalb bleibt oft nicht die Zeit, noch jenseitige Erlebnisse anzuschauen. Wird aber bei der Anamnese betont, sich auch nachtodliche Erfahrungen anzusehen zu wollen, dann werden solche Wünsche auch integriert. Möchte jedoch jemand vor allem seine jenseitigen Besuche nach verschiedenen Leben kennenlernen, dann kann eine darauf ausgerichtete Rückführung vorgenommen werden.

Hier noch einige Beispiele von jenen, die während einer Rückführungstherapie zusätzlich Erlebnisse nach ihrem Tod im Jenseits wahrgenommen haben.

Eine achtzehnjährige, alleinstehende Kräuterfrau im Mittelalter hatte auch durch Handauflegen ein sehr krankes Kind heilen wollen, das aber trotzdem nicht überlebte. Der erzürnte Vater gab ihr als Hexe die Schuld an dem Tod seines Kindes und brachte sie um. Sie wird von einem ihr unbekannten Mann (Geistführer?) abgeholt und in ein jenseitiges schlossähnliches Gebäude geleitet, wo sie ihrem Großvater begegnet, der sie auch zur Kernfamilie bringt. Bei der Vorbereitung für ihr nächstes Erdenleben wird ihr vorgeschlagen, sich dort zu inkarnieren, wo sie dann später am meisten gebraucht wird. Es ist ihre eigene Familie. Wenn wir weit in unserer seelischen Entwicklung fortgeschritten sind, suchen wir uns oft kein Leben aus, das unseren äußeren Wünschen entspricht, sondern lassen uns beraten, wo wir am meisten gebraucht werden. Und einige in Liebe dienende Seelen werden nach ihrer Rückkehr fragen: "Where is my next job?" Oder: "Wo kann ich mich wieder in Liebe und dienend am besten einbringen?" Sie sind meist in der Liebe weit fortgeschrittene Seelen, die als Inkarnierte die Liebe leben und ein höheres Bewusstsein verbreiten.

Ein einundfünfzigjähriger Mann - nennen wir ihn Gregor - lebt seit fünfzehn Jahren mit seiner Partnerin zusammen und trifft diese Seele vor dem Antritt in das heutige Leben im Jenseits. Sie waren schon in mehreren früheren Leben in Liebe miteinander verbunden, und in einem Leben im Mittelalter diente sie ihm, dem vormaligen Ritter, als Knappe. Gregor beschreibt eine hohe Pyramide, vor der sie sich wiederbegegnen, und berichtet über ihren gemeinsamen Besuch in der großen Bibliothek, wo jeder sein Lebensbuch in den Händen hält, in welchem alle ihre vorausgegangenen Leben verzeichnet sind. *(Man kann mit der Hand über dort beschriebene Stellen streichen und erlebt alles bildlich und in allen Details wieder.)* Sie erkennen, dass sie als früheres Ehepaar in ihren Ehen durch gegenseitiges Kontrollieren eingeschränkt waren - auch in Bezug auf die Liebe zu anderen möglichen Geliebten. Nun geben sich beide das Versprechen, im nächsten Leben zwar als Paar wieder zusammenzukommen, aber dem anderen die Freiheit in allem - auch in der Liebe - zu geben, ihn sogar in dieser Freiheit zu unterstützen. Es ist in der heutigen

Gesellschaft in einigen Ländern Europas festzustellen, dass immer mehr Paare eine innige Partnerschaft eingegangen sind, ohne ein offizielles Ehebündnis zu schließen. Geschieht dies auch hinsichtlich des Gefühls, ungebundener und freier zu sein? Hat man diesen Freiheitsdrang im Jenseits schon programmiert?

Die achtundvierzigjährige Vera kommt zu mir wegen verschiedener gesundheitlicher Probleme. In dem einen Leben im 9. Jahrhundert n. Chr. war sie in Hessen ein Geldverleiher namens Heinulf. Er betrog seinen Geschäftspartner, der sich daraufhin das Leben nahm. Mit sechsundsechzig leidet er unter größten Schmerzen, so dass er sich selbst den Dolch in den Bauch stößt. Ein hellgrauer Engel holt ihn ab. Er wird schließlich in eine Schule gebracht, wo er von weißgekleideten Engeln mit menschenähnlichen Gesichtern in mitmenschlichem Verhalten unterrichtet wird. Ihm werden nun rückblickend jene Szenen gezeigt, wo er sich bei Geldverleih betrügerisch anderen gegenüber verhalten hat. Und zugleich werden ihm die Gefühle eingegeben, die andere durch sein schäbiges Verhalten erlebten. Schließlich trifft er jenen von ihm Betrogenen, der sich danach das Leben genommen hatte, wieder. Heinulf ist bei diesem Wiedertreffen ganz zerknirscht, wie er sagt, doch jener macht ihm keinerlei Vorwürfe. Denn dieser hatte ihm bereits vergeben. Und Heinulf nimmt sich vor, im nächsten Leben alles wiedergutzumachen durch gute Taten und Großzügigkeit anderen gegenüber.

Und nun noch eine Vergewaltigungsgeschichte. Ich lasse den Klienten nach einem bösen Täterleben oft noch zusätzlich seine Rückkehr ins Jenseits erleben. Wir haben unbewusst nach begangenen bösen Taten bis zum heutigen Tag oft noch einen Selbstbestrafungsmechanismus, ein Helfersyndrom und vor allem auch meist noch Schuldgefühle in uns. Wird man nach einem solchen Täterleben ins Jenseits versetzt, dann erlebt man den Prozess der inneren Umwandlung, bis Reue und der Wunsch nach Wiedergutmachung sich ausbreiten. Bei der Begegnung mit seinen Opfern ist man erstaunt, dass diese einem oft freundlich begegnen und auch vergeben. Und wenn der dort angekommene Täter - meist von seinem Geistführer - erfährt, dass alles so kommen musste, wie es durch ihn geschehen ist, dann vermindern sich automatisch die angesammelten Schuldgefühle in dem Zurückgeführten. Man wird auf einmal von verborgenen Gewissensbelastungen befreit. Das heißt nicht, dass er in dem gegenwärtigen Leben nun betrügen, vergewaltigen und morden kann, wie er will. Denn alles hat seine karmischen Konsequenzen, vor denen man sich sicherlich sehr hüten möchte.

Evelyn ist eine sechsundvierzigjährige Frau, die ich in einem Ausbildungsseminar zum Reinkarnationstherapeuten/-leiter vor den anderen zurückführte. *(Jene, die zuvor schon eine staatliche Genehmigung als Therapeut/in haben, dürfen sich Rückführungstherapeut/in oder Reinkarnationstherapeut/in nennen, während jene, die diese Genehmigung nicht haben, sich immer als Rückführungs- beziehungsweise Reinkarnationsleiter/in bezeichnen können.)* Evelyn nimmt sich in einem der vier aufgedeckten Leben als Burgherr Kuno um 1400 wahr. Er war ein Heerführer in Österreich. Er ist ein wahrer Teufel und Sadist. Er schaut den Folterungen seiner Folterknechte zu, lässt diese die Zunge von Verrätern rausschneiden, lässt sie rädern und strecken. Und natürlich lässt er sich von seinen Untergebenen oft noch schöne Frauen und Mädchen bringen. Mit fünfundsiebzig wird er von seiner neuen jungen Ehefrau vergiftet. Nach seinem Tod holt ihn seine Mutter ab und bringt ihn in eine dunkle Kammer und sagt, dass er hier warten müsse. Nach langem Warten kommt ein bärtiger Mann zu ihm. Dieser sagt: "Was hast du gemacht? Du hast vielen Menschen Schmerz zugefügt, die es nicht verdient haben." Kuno möge jetzt darüber nachdenken. Später würde er zurückkehren. Nach seiner Rückkehr fragt er, der sich Matthäus nennt: “Hast du darüber nachgedacht?” “Ja, ja. Aber ich will viele Frauen haben.” “Du kannst Liebe haben, aber nicht wie du dir das vorstellst.” Dieser Geistführer weiß alles über ihn und seine üblen Taten und auch darüber, was dieser denkt. Er wird in eine Kammer geführt, wo er alle bösen Gedanken ablegt. Danach führt ihn dieser Geistführer zu einer Schule, wo er Liebe spüren und sie lernen soll. Und auf einer Wiese umarmen ihn Kinder, spielen mit ihm und bitten ihn, Geschichten zu erzählen. Sie sagen, dass sie ihn lieben. *(Die Liebe, die er nun von anderen erfährt, überträgt sich auch auf ihn. Liebe ist ansteckend.)* Und Matthäus sagt, dass er zu lernen habe, Liebe zu geben. Schließlich wird Kuno zu seiner Familienkerngruppe geführt. Die Mitglieder sitzen in einem goldenen Raum. Er wird begrüßt: “Schön, dass du wieder da bist.” Er fühlt sich wie zu Hause. Wenn man in diesem besonderen Raum ist, erkennt man alles wieder, was man in früheren Leben getan hat, und es wird einem auch klar, was man in anderen Leben zu tun haben wird, um sich immer mehr der vollkommenen Liebe zu nähern. In dieser Kerngruppe berät man, was man mit wem aus dieser Gruppe, die aus achtzehn Mitgliedern - sieben Frauen, acht Männern und drei Kindern - besteht, im nächsten Leben unternehmen möchte. Man wechselt die Rollen. Kuno liegt oft auf einer Wiese und liest in Büchern. Er schämt sich für das, was er anderen, besonders Frauen und Gefolterten, angetan hat. Matthäus erklärt ihm, dass er dieser Bösewicht sein musste. Denn er sollte auch das Böse kennenlernen, sonst könne er gar nicht erfahren, was Liebe ist. Und er begegnet auch einer der von ihm Vergewaltigten. Sie ist ihm gar nicht böse, denn sie weiß, dass er ihr geholfen hat, Karma aufzulösen, hatte sie doch in früheren Leben selbst als Mann Frauen vergewaltigt. *(Wir alle waren sicherlich ein oder mehrere Male Übeltäter. Das gehört zu dem Spiel, bei dem wir von der Lieblosigkeit zur vollkommenen Liebe gelangen.)*

Eine siebenundvierzigjährige, in zweiter Ehe verheirate Frau - ich nenne sie Klara - hat mit ihrem Nachbarn große Schwierigkeiten und leidet unter Asthma und verschiedenen Allergien. *(Übrigens - ist dir schon aufgefallen, dass die meisten, die zu einer Rückführungstherapie kommen, Frauen im Alter zwischen dreißig und sechzig sind? Das hängt damit zusammen, dass die Frauen zum einen im Allgemeinen offener für spirituelle Themen sind. Zum anderen ist man ab einem gewissen Alter, wenn man schon manche Stürme des Lebens und Liebeslebens hinter sich gebracht hat, eher bereit, nach innen zu schauen und sich auf die Suche noch erweiterten Antworten des Daseins zu begeben.)* In dem dritten von ihr erlebten Leben ist Klara um 1100 n. Chr. ein Schweizer, ein verheirateter Zimmermann und Trunkenbold. Er vergewaltigt nicht nur seine Frau, sondern auch andere, wo immer er Gelegenheit dazu findet. Doch einer Frau, die er auf dem Heuboden überrascht und die um Hilfe schreit, drückt er den Hals zu, woran sie erstickt. Ihm gelingt es, die Schuld an deren Tod dem Dorfdeppen zuzuschreiben, der für längere Zeit eingesperrt bleibt. Mit fünfundvierzig wird er von einem herunterfallenden Baum eingeklemmt. Jener Dorfdepp trägt ihn nach Hause, wo er bald seinen Verletzungen erliegt. Im Jenseits nimmt ihn ein - wie er sagt - goldenes Wesen in einem goldenen Kleid liebevoll in die Arme. Es tröstet ihn in seiner Selbstanklage und legt ihn zuerst in ein Bett. Hier geschieht im Beisein dieses goldenen Wesens eine seelische Heilung. Als er sich wieder erhebt, ist er ein anderer geworden. Er empfindet große Reue für sein Tun und will seine Vergehen unbedingt wiedergutmachen. Er nimmt nun in einem runden Saal mit vielen anderen an der Vorbereitung für ihr nächstes Erdenleben teil. Hier werden sie von verschiedenen Lehrern unterrichtet. Alle sind in Liebe eingehüllt. Einige der sich Vorbereitenden sprechen sich auch untereinander ab, wo und wann sowie als was sie sich begegnen wollen. Dort trifft er auch die von ihm Erwürgte. Sie sieht ihn mit einem Lächeln an, und er weiß, dass sie ihm vergeben hat. In erfasst nun eine große Reue samt Schuldgefühlen. Er möchte in einem Folgeleben ein gleiches Schicksal erfahren, eine Vergewaltigung, so dass er, wenn er mal wieder als Mann inkarniert, Respekt vor Frauen hat und seinen sexuellen Lüsten nicht freien Lauf gewährt. Klara beschreibt, dass sie die Nähe ihres Höheren Selbst in jenen aufgedeckten Leben spürte, das wie ein kleiner Engel über ihr schwebte. Und nachdem alle ihre aufgedeckten Symptome und vor allem ihre heftige Disharmonie mit dem Nachbarn in den Zapfen gesteckt und dem Lichtfeuer übergeben worden sind, formuliert sie ihre Befreiungsaffirmationen und fügt auch noch ihre Programmierung für ihr weiteres Leben hinzu: "Ich bin eine lebenslustige, starke, verantwortungsbewusste und liebende Frau." Und einen Monat später schickt sie mir eine E-Mail mit folgendem Inhalt: "Fakt ist, die Rückführung hat mich sehr, sehr positiv verändert und mich in meinem Verhalten dem Nachbarn gegenüber lockerer und selbstbewusster gemacht. Das Problem, das ich mit meinem Nachbarn hatte, ist verschwunden ... Ich kann es an manchen Tagen noch gar nicht fassen und glauben. Vielen, vielen Dank, dass du dich dieser Arbeit widmest. Ich hoffe, du machst das noch viele Jahre. Bitte reserviere mir und meinem Mann im nächsten Frühjahr einen Termin, wenn du wieder in Kaufbeuren bist. Es grüßt und umarmt dich herzlich Klara.

P.S. Auf dem Berg der Erkenntnis, hast du auch Depressionen (die ich gar nicht erwähnt hatte) ins Spiel gebracht, die ich loslassen durfte ... Mir war das gar nicht bewusst. Danke dafür besonders!!!"

Eine mit einem Deutschen verheiratete, sechsundvierzigjährige Russin kommt in meine Therapie, um sich von einigen ihrer vielen Probleme und körperlichen Symptome zu befreien. In einem der fünf aufgedeckten Leben nimmt sie sich 1870 als achtzehnjährige Frau namens Elisabeth in England wahr. Neben ihr sitzt ihr Freund. Auf einmal werden sie von drei Männern überfallen, sie schlagen ihn nieder und vergewaltigen sie. Während ihr Freund blutend sein Leben verliert, kommt sie mit blauen Flecken am ganzen Körper ins Krankenhaus. Aber daraus entlassen, erhängt sie sich in ihrem Zimmer. Und ihre letzte Programmierung, die sie sich gab, war: "Ich will nie wieder auf die Erde kommen." Eine Lichtgestalt holt sie ab und erklärt ihr, warum alles passieren sollte. Sie möge nun das Geschehen als solches annehmen und nicht mehr traurig sein. Denn alles war nur ein Spiel. Aber sie sollte sich nicht umbringen, sondern einen anderen Ausweg in ihrem Leben finden. Sie befindet sich alsdann in einem Nebel. Sie geht hindurch in ein Licht hinein, wo sie Wesen trifft, die beinahe durchsichtig sind, manche strahlen jedoch heller als andere. Alle sind sehr freundlich zu ihr. Sie kann auf einmal schweben. Aus einem Haus dringt Musik zu ihr. In der Kernfamilie trifft sie ihren totgeschlagenen Freund wieder. Er lacht. Und er wiederholt: "Alles war nur ein Spiel."

Das mag für dich, lieber Leser, verblüffend sein zu erfahren, dass unsere menschlichen Schicksale Spiele sind, die wir vorher im Jenseits vor der Inkarnation festgesetzt haben. Wir spielen durch die vielen Inkarnationen hindurch das Spiel von der Lieblosigkeit zur vollkommenen Liebe. Darüber habe ich ein Büchlein verfasst (siehe Literaturverzeichnis), das im Einzelnen erklärt, warum es dieses Liebesspiel gibt. Hier waltet das Karmagesetz: Was du einem anderen antust, wird dir einst selbst begegnen, im Guten wie im Schlechten.

An dieser Stelle möchte ich eine jenseitige Botschaft einfügen, die mir anlässlich eines von Sinaida und mir gegebenen Seminars zur Erlernung der automatischen Schrift am 28.11.2015 durchgeben worden ist:

"Wir Geliebte freuen uns, dass ihr hierhergekommen seid, um eine bewusste Verbindung mit uns herzustellen. Ihr seid alle schon viele, viele Male bei uns in der sogenannten jenseitigen Welt gewesen, ja oftmals auch in euren Träumen, wenn ihr im Schlaf den Körper verlassen hattet. Wie ihr wisst, ist alles Vorstellung, eure Welt wie die unsere. Wir leben in Vorstellungswelten. Dies ist das Prunkstück der Schöpfung, dass wir, in Illusionen lebend, sie als Realitäten wahrnehmen. Wir sind eigentlich Geist oder - wie man sagen könnte - reines Bewusstsein. Dieses kann Realitäten schaffen wie auch Körper, in die wir hineinschlüpfen und dabei unser eigentliches Sein vergessen. Nach vielen Erdenläufen samt den Zwischenleben im sogenannten Jenseits mit den vielen Weiterentwicklungen nach dem Ende der vieler Erdenrunden kehren wir alle wieder in die göttliche Einheit zurück, wo wir wie nach langem Schlaf wieder erwachen.

Wir lieben euch, die Euren in Liebe."

3. Teil
Was andere Forscher über das Jenseits herausgefunden haben

Was andere Forscher über das Jenseits herausgefunden haben

In diesem Teil des Buches möchte ich andere Autoren zu Wort kommen lassen, die aus den verschiedensten Quellen Beschreibungen erhalten haben, wie das Jenseits aussieht. Ich empfehle allen Lesern, die sich eingehender mit der Beschaffenheit des Jenseits beschäftigen wollen, das ein oder andere dieser Bücher zu lesen. Genauere Angaben befinden sich im Literaturverzeichnis.

Beginnen möchte ich mit dem zur Zeit bekanntesten amerikanischen Hellsichtigen, dem Medium James van Praagh. Er vernimmt nicht nur die Eingaben der Verstorbenen telepathisch, sondern kann sie oft direkt sehen und ihre Botschaften an jene weitergeben, die sich mit den Verstorbenen verbinden wollen, um nach deren Befinden zu fragen. In seinem Buch *Abenteuer der Seele* (siehe Literaturverzeichnis) unterscheidet er zwei Jenseitsebenen. Die erste nennt er die *astrale Ebene*, die zweite die *ätherische*. Nach dem Verlassen des Körpers gelangen wir auf die astrale Ebene, wo wir von den uns Nahestehenden mit Freude empfangen werden. Und nun seine wichtige Anmerkung: "Die auf der Erde Zurückgebliebenen wären sicherlich nicht gar so betrübt, könnten sie nachvollziehen, wie begeistert die von ihnen gegangene Seele von ihrem Empfang in der geistigen Welt ist." Die geistige Welt ist, wie er weiterhin erklärt, ein Ebenbild unserer irdischen, nur subtiler und feiner. Die Erde ist rein stofflicher Natur, während die astrale Ebene eine geistige, von Gedanken erschaffene Ebene ist, die jedoch den sich dort Aufhaltenden ganz handfest und real erscheint. Die astrale Welt besteht aus vielen Ebenen. Doch es gibt keine lineare Zeit, wie wir sie auf Erden kennen, denn alles ist im Jetzt. In dieser Welt gibt es keine Verurteilungen als solche, da wir diese selbst über uns sprechen. Die ätherische Welt als die Welt der Gedanken und des reinen Bewusstseins schwingt höher als die astrale. Hier werden alle großen Werke der Musik, der Kunst und der Dichtung erschaffen. Es ist eine kreative Welt. Hier kann man alle seine kreativen Kräfte ausüben.

Und noch eine andere Geschichte möchte ich hier einfügen, die ebenfalls von James van Praagh stammt und in seinem Buch *Jenseitswelten* (siehe Literaturverzeichnis) zu finden ist. Eine junge Frau kam zu James, um mit ihrer verstorbenen Mutter Molly Kontakt aufzunehmen. Diese meldete sich und berichtete, dass sie sich nach ihrem Übergang in einer Art Krankenhaus wahrnahm, wo jedoch die Atmosphäre viel freundlicher war als auf der Erde. Sie fühlte sich nicht mehr krank wie noch im Sterbebett des irdischen Krankenhauses. Hier sah sie Menschen, die ebenfalls in Betten lagen. Und ein Mann neben ihr sagte, dass er hoffe, tot zu sein, da er vor seinem Tod in einen Brand geraten war. Und er sagte erfreut: "Ich wette, wir sind im Himmel." Und ihre Mutter berichtete weiter, dass eine Frau an ihr Bett trat, mit der sie als Kind auf der Farm gespielt hatte und deren Namen sie dann genannt bekam. Diese war mit acht Jahren an Fieber verstorben. Und sie fragte, ob sie sich noch an ein Versprechen erinnern könne, dass sie sich als Freundinnen gaben. Es lautete: "Wer zuerst im Himmel ist, soll den anderen nach seinem Tod begrüßen." Und diese frühere Freundin mit Namen Jenny forderte sie auf, jetzt mit ihr zum Empfang zu gehen. Doch Molly entgegnete, dass sie doch im Bett liege und krank sei. Und Jenny lachte: "Das war doch alles nur in deinem Kopf! Du bist jetzt ein Geistwesen, und dir geht es gut." Und tatsächlich, sie konnte nun mühelos aufstehen und sah sich plötzlich in einem schönen bunten Kleid. Und Jenny sagte, dass sie es gewesen sei, die mit ihren Gedanken für sie dieses Kleid kreiert hätte, denn, wie sie hinzufügte: "Wir machen hier alles mit unseren Gedanken." Jenny führte sie nun in einen Park und verabschiedete sich, da auch noch andere die Neuangekommene begrüßen wollten. Im herrlichen Park entdeckte Molly nun Springbrunnen und viele schön gekleidete Menschen und spielende Kinder. Deren Freude und Strahlen übertrug sich auch auf sie, die ihrer Tochter dies nun durch James beschrieb. Auf einer Parkbank entdeckte sie ein junges Paar. Sie näherte sich ihm. Und sie erkannte jetzt in beiden ihre Eltern, die sich verjüngt hatten. Und diese erklärten ihr dann, dass man sich nach dem Übergang Aussehen und Alter aussuchen könne, in welchem man sich am wohlsten fühle. Und bald darauf entdeckte sie noch andere frühere Familienmitglieder wie ihren Bruder, ihre Großeltern sowie auch eine Tante und ihren Lieblingsonkel. Sie musste über alles staunen, denn alles fühlte sich so real an. Und ihre Mutter führte sie nun in ihr Haus. Und wie sehr war sie erstaunt, dass dieses eine Kopie ihres Elternhauses war, nur war alles noch viel schöner. Und drinnen fand sie auch das ihr seit der Kindheit bekannte Himmelbett. Darin wollte sie sich erst noch einmal ausschlafen.

In Brasilien lebte das berühmteste Medium des Landes. Er hieß Francisco Candido Xavier, abgekürzt Chico Xavier (1919-2002). Er hat über dreihundert Bücher mittels automatischer Schrift, der sogenannten Psychographie, verfasst, die ihm von höherer Seite durchgegeben worden waren. Sein berühmtestes Buch heißt *Nosso Lar* (= unsere Heimat), das schon einige Millionen Male verkauft worden ist. Ich flog 1986 nach Brasilien und läutete an seiner Hauspforte, um von ihm die Erlaubnis zu bekommen, dieses Buch ins Deutsche übersetzen zu lassen und im Silberschnur Verlag zu veröffentlichen. Aber dieses berühmte Medium, das ich natürlich auch persönlich kennenlernen wollte, war unpässlich, so dass ich unverrichteter Dinge wieder abfuhr. Viele Jahre später hatte jedoch eine spirituelle Gruppe in Brasilien im Eigenverlag dieses Buch auf Deutsch herausgegeben (Francisco Candido Xavier: *Nosso Lar - Eine spirituelle Heimat*, Brasilia 2008).

Mit siebzehn Jahren hatte Chico von bekannten portugiesischen und brasilianischen Dichteren mittels der automatischen Schrift Gedichte niedergeschrieben, die damals schon hohes Aufsehen erregten. Einige Jahre später führte André Luiz, ein verstorbener Arzt, die Hand von Chico. Dieser berichtet in diesem wie auch in weiteren Bänden ganz genau, wie es im Jenseits aussieht und was man dort alles erleben kann. Es dürfte die umfassendste Beschreibung des Jenseits sein, die jemals veröffentlicht wurde - dann auch in mehreren Bänden.

André starb nach langer Darmkrankheit im Krankenhaus und hinterließ Frau und Kinder. Zuerst war er nach seinem Austritt aus dem Erdenkörper desorientiert. Doch dann erschien ihm ein netter älterer Mann, der ihn väterlich anlächelte und sich als Clarencio vorstellte. Und als dieser bei André den von der Erde ihm noch anhaftenden Erschöpfungszustand bemerkte, rief er zwei Helfer herbei, die ihn auf eine Bahre hoben, in ein jenseitiges Krankenhaus brachten und in ein Bett legten. Er vernahm nun eine seine Kräfte stärkende Musik. Als er aufstand, betrat er einen mit herunterhängenden Girlanden geschmückten Saal, wo eine große Anzahl Meditierender sich versenkt hatte. Sie schauten dann alle auf eine Bühne, auf der sich zweiundsiebzig

Sänger, darunter auch Clarencio, versammelt hatten, die nun zusammen Hymnen sangen. Danach erklang wieder bezaubernde Musik, und blaue Blüten fielen auf die Anwesenden herab. Als André sich die Landschaft betrachtete, kam sie ihm wie die irdische vor, jedoch war hier alles harmonischer und in schimmernde Farben gehüllt. Es gab Obst- und andere Bäume, die er von der Erde her kannte. In dieser Kolonie Nosso Lar waren die Häusereingänge mit Blumen dekoriert. Und aus seinem Fenster heraus sah er Vögel und unten Haustiere. André fragte einen Helfer, wo seine Mutter wohl sei. Dieser antwortete, dass sie oft an seiner Seite im irdischen und jenseitigen Krankenhaus war, jetzt aber in einer höheren Ebene des Daseins diene.

André lässt sich von einem Mitarbeiter Clarencios namens Lisias die Kolonie zeigen, die von Portugiesen einst gegründet worden ist. Es gibt dort vier Ministerien, die sich um die Angelegenheiten der hiesigen Kolonie kümmern, und zwei weitere, die für eine höhere Ebene zuständig sind. Von den letzteren zwei heißt eines "Ministerium der göttlichen Vereinigung". Das Ministerium, das auch für ihn zuständig ist, wird von einem Gouverneur geleitet, dem dreitausend Mitarbeiter zur Verfügung stehen. Jeder Neuankömmling wird von dazu Vorgesehenen betreut. Nosso Lar ist nur eine von vielen jenseitigen Kolonien, und manches Mal werden sie von höheren Geistwesen besucht, worunter sich auch berühmte Namensträger befinden, die viel Gutes auf Erden bewirkten, sei es in Kunst, Politik oder im Dienste der Mitmenschlichkeit. André nimmt einen Aérobus voller Passagiere wahr, der etwa fünf Meter über dem Boden schwebt. Dann steigen beide selbst in dieses Boden-, Wasser- und Luftgefährt. Das Wasser ist, wie er erfährt, von der Regierung der göttlichen Vereinigung mit Heilkräften magnetisiert worden. Hier erklärt ihm Lisias weiterhin, dass den hier Wohnenden nach vier Jahren des Lernens und Dienens meistens eine nächste Reinkarnation bevorsteht. Es gibt jedoch auch einen unteren Teil des Jenseits, der als Schwellenregion fungiert, wo sich jene aufhalten, die noch Hass oder sehr negative Gedanken mitbringen. Hier müssen erst ihre "schmutzigen Kleidungsstücke" reingewaschen werden, bevor sie in die schöneren Regionen von Nosso Lar kommen dürfen. Eines Tages führte ihn Lisias zu seiner Mutter, die sich ihm in ihren kopierten alten Kleidern so präsentiert, wie sie als alte Frau aussah. Und beiden kamen bei diesem Wiedersehen die Tränen der Freude. Bevor sie sich wieder von ihm trennte, um in der höheren Sphäre ihren Aufgaben nachzukommen, sagte sie, dass beide nun ihre Liebe steigern und sich nicht mehr an irdische Liebesgefühle klammern sollten, sondern die tiefe, heilige und göttliche Liebe leben sollten. Und André erfährt, dass sein Vater und seine beiden Schwestern sich immer noch in der Schwellenregion befinden, bevor sie dorthin gelangen können, wo er sich jetzt aufhält. Doch seine Mutter ist oft bei ihnen und kümmert sich um ihre seelische Reinigung. Und Lisias Frau erklärt ihm, dass Schriftsteller, die willentlich Schaden bringende Literatur verfassen, sich erst in den Schwellenregionen reinigen müssen. Und sie fügt hinzu, dass hier die Liebe die Nahrung der Seele sei. Man äße hier zur weiteren Eingewöhnung nur vorübergehend die von dem Erdenaufenthalt bekannte Kost, doch dann nehme man nur noch fluidische Substanzen nach Bedarf auf. Und sie erklärt, dass wir, egal ob Wurm, Tier oder Mensch, letzten Endes ganz von der Liebe abhängig sind. Und sie führt weiterhin aus, dass Sexualität eine heilige Ausdrucksform der göttlichen und universellen Liebe ist und dass für spirituell fortgeschrittene Ehepaare nicht Sex, sondern Zuneigung, Vertrauen, gegenseitige Hingabe und Verständnis im Vordergrund stehen. Lieblosigkeiten aus der Vergangenheit fordern Wiedergutmachung, denn nur so kann man sich mit den göttlichen Gesetzen versöhnen. In der jenseitigen Welt fühlen wir uns überaus wohl, doch wir müssen wieder inkarnieren, um uns weiterhin in der Liebe zu vervollständigen.

Um Kontakt mit unseren uns Nahestehenden auf der Erde herzustellen, haben wir uns erst angemessen darauf vorzubereiten. Das ist jedoch leicht zu erreichen, wenn jene Irdischen schon spirituelle Liebe leben. Auf der Ebene, auf der André sich befindet, muss man noch mit Worten sprechen. In höheren Sphären jedoch verständigt man sich rein gedanklich, so dass es auch keine Sprachbarrieren mehr gibt. In Nosso Lar gibt es sogar Fabriken, in denen Fruchtsäfte, Stoffe und allgemeine Gegenstände hergestellt werden.

Ein anderer Begleiter führt ihn in ein Rehabilitationszentrum, wo jene hinkommen, die die untere Schwellenregion verlassen haben, aber immer noch seelisch gereinigt werden müssen, was unter anderem durch magnetische Bestreichungen des Körpers bewirkt werden kann. Bei dieser Anwendung speien die dort Liegenden oft noch giftige Fluide aus. Und André, der ehemalige Arzt, beginnt dort seine erste Arbeit, indem er mit Putzlappen und mit Reinigungsmaterial zu putzen beginnt. Eine Frau führt ihn in die Grünzonen, wo es große Säle gibt, in denen Vorträge gehalten werden oder in denen unterrichtet wird. In den Sälen sind Projektoren aufgestellt, um auf der Leinwand wichtige Filme und Bilder zu zeigen, die zum Lernstoff gehören. Und in dieser prachtvollen Parkanlage bestaunt André ein sternförmiges Schloss, das ganz aus Pflanzen gebaut ist. Zum Weihnachtsfest wird dieses Schloss besonders schön verziert. Er erblickt zwei männliche Gestalten. Und seine Begleiterin klärt ihn auf, dass diese zwei noch auf Erden weilende, hochentwickelte Seelen seien, die es vermögen, in ihren Träumen hierherzukommen. Sie führen auf Erden wichtige Rettungsmissionen durch. Und schließlich begegnet er seinem Vater, und beide vergeben einander, wo sie sich wehgetan hatten. André wird nun belehrt, dass sogenannte Gegner im eigentlichen Sinne nicht unsere Feinde sind, sondern sogar als Wohltäter gesehen werden müssen. Denn durch sie erfahren wir Widriges, was jedoch extra für uns vorbereitet wurde, um aus diesen Situationen zu lernen. In jenem großen Saal hält die Ministerin Veneranda vor vielen Versammelten einen Vortrag, wobei sie ausdrücklich darauf hinweist, dass es für jedes Geistwesen Pflicht ist, für seine eigenen mentalen Schöpfungen verantwortlich zu sein. Und Nosso Lar, wo sich eine Millionen Seelen befinden, sei eine spirituelle Übergangsstätte als Geschenk der göttlichen Gnade. Hier werden die Seelen für ihren weiteren Aufstieg vorbereitet, oder sie kehren als Inkarnierte auf die Erde zurück, um dort ihre Aufgaben, die sie sich vorgenommen haben, zu erfüllen oder aus Wiedergutmachungsgründen zu dienen. Und André erfährt weiterhin, dass alle Kriege, Pestilenzen und Erdbeben, wie Jesus auch sagte (Matth. 24,6 ff.), geschehen mussten und weiterhin müssen. Anlässlich eines Konzertes mit wundervoller Musik erfährt er, dass irdische Komponisten in die höheren Sphären gezogen werden, wo man sie für ihre Kompositionen musikalisch inspiriert. Und es gibt unter den Irdischen hochspirituelle Menschen, die gleich Brieftauben hin- und herfliegen und sich sowohl auf Erden wie auch im Jenseits aufhalten können. Die in Nosso Lar höher entwickelten Geister können sich kraft ihres Willens fortbewegen und vermögen sich auch über große Distanzen mit ihresgleichen zu unterhalten. Und schließlich wird André zum Bürger von Nosso Lar erklärt.

Das für mich bedeutendste Buch über das Jenseits

Nun werde ich zusammenfassend beschreiben, was in meinem Lieblingsbuch über das Jenseits zu lesen ist. Es heißt *Das Leben in der unsichtbaren Welt* (siehe Literaturverzeichnis). Ich hatte dieses Buch in Südafrika gekauft und nahm mir vor, es unbedingt nach meiner Rückkehr in die Heimat einem spirituellen Verlag zur Drucklegung vorzulegen. Aber da sich keiner dazu bereit erklärte, obwohl ich anbot, das Buch selbst zu übersetzen, gründete ich 1983 mit dem Ehepaar Huber einen eigenen Verlag, *Die Silberschnur*, dessen Name mir eingegeben worden war.

Der Autor dieses Buches heißt Anthony Borgia. Ihn wollte ich unbedingt kennenlernen, wozu ich ihn in England aufsuchte. Er hatte die 80 schon überschritten. Nun ließ ich mir von ihm nochmals die wichtigsten Ereignisse, die er in diesem Buch nach dem Diktat eines jenseitigen Geistlichen niedergeschrieben hatte, genauer schildern.

Anthony gehörte 1909 als Schüler zu einem Knabenchor, der von einem katholischen Monsignore ins Leben gerufen worden war. Dieser hieß Robert Hugh Benson (1871-1914) und war der Sohn des Erzbischofs von Canterbury, also nach dem König die oberste kirchliche Instanz der anglikanischen Kirche. Doch konvertierte Robert 1903 zum Katholizismus. Außer kirchlich bezogenen Traktaten und Büchern trat er auch als Autor von Romanen und Theaterstücken hervor und wird selbst heute noch als bedeutender Schriftsteller zu Beginn des 20. Jahrhunderts in Ehren gehalten. Sein berühmtester und in der heutigen englischen Literatur noch hochgeschätzter Roman trägt den Titel *Lord of the World*. Er hatte in begrenztem Maße, wie er sich ausdrückte, die Gabe des intuitiven Sehens wie auch die Fähigkeit wahrzunehmen, wenn Verstorbene sich aus dem Körper begaben. Innerlich geriet er in Konflikte, da er ganz andere Dinge wahrnahm, als sie die Kirche lehrte. Er schrieb nun Bücher über spirituelle Themen, auch über das Jenseits, ohne mit den kirchlichen Dogmen in Konflikte geraten zu wollen, hätte ihn das doch sein Amt gekostet. Doch nach seinem Tod erlebte er die Fülle der jenseitigen Wahrheiten und hatte das Bedürfnis, seine Erlebnisse wie auch die Beschaffenheit des Jenseits so darzustellen, wie er sie erlebt hatte. Nur bedurfte es eines Mediums, das fähig war, seine Durchgaben auch aufzuschreiben. Und dieses fand er in dem ehemaligen Chorknaben Anthony, der mittlerweile ein bekanntes Medium geworden war.

Als Robert Benson nun aus seinem physischen Körper ausgestiegen war, erlebte er keine Verwirrung, denn er wusste ja beim Betrachten seines unter ihm liegenden Erdenkörpers, dass er gestorben war, da er schon Erfahrungen beim Beobachten anderer "Verschiedener" gesammelt hatte. Er nahm sich nicht in der Kleidung wahr, die er gerade noch im Krankenhausbett getragen hatte, sondern in seinem priesterlichen Gewand. Nun trat auch ein früherer Kollege in ebensolch einem Priestergewand auf ihn zu, und beide begrüßen sich ganz warmherzig. Dieser sagte, dass er geschickt worden sei, ihn abzuholen, und fügte hinzu, dass er sich auf eine unermessliche Zahl herrlichster Überraschungen gefasst machen solle.

Robert wurde nun von seinem Kollegen an die Hand genommen, und sie schwebten zu einem wunderschönen, mit Blumen umgebenen Haus, das genau die Kopie seines Hauses auf Erden war, nur alles war viel prächtiger. Viele der Blumen waren ihm vertraut, doch andere hatte er auf Erden noch nie gesehen. Vor allem ihr Duft, der, wie er schreibt, die Seele geistig emporhob, war berauschend. Und dann erklang auch noch himmlische Musik. Es gab auch unter den Bäumen keinen Schatten, denn wie sein Begleiter erläuterte, wird alles von einer Lichtfülle erhellt, die in jede Ecke dringt. Es gibt keine Mauern oder Zäune. Jeder darf in eines anderen Garten kommen und sich an der Schönheit erfreuen. Überhaupt ein eigenes Haus zu besitzen sowie die Schönheit des Hauses und Gartens - all das hängt von den guten Taten ab, die wir im Erdenleben getan haben.

Robert trifft nun Menschen, die auf Erden ganz in den kirchlichen Doktrinen verwurzelt waren und noch immer jenen Glaubensvorstellungen nacheifern. Doch ihre geistige Auferstehung muss aus ihnen selbst kommen. Und in seinem neuen Zuhause entdeckt er auch Regale mit Büchern. Zu seinem Schrecken sieht er seine eigenen Bücher, wie auch jene, die Unwahrheiten über das Jenseits beinhalten, gemäß den erlaubten Vorstellungen der Kirchendoktrin. Ihn erfasst nun zum ersten Mal Reue samt dem Vorhaben, das falsch Dargestellte dadurch auszugleichen, dass er versuchen wird, jemandem auf Erden die wahren Erlebnisse durchzugeben, der sie dann in einem Buch veröffentlichen wird.

(Nach dieser Einführung werde ich jetzt einige interessante Begebenheiten zusammenfassen, die du vielleicht in ähnlicher Weise beim Anhören der CD erfahren könntest.)

Die Zeit, wie wir sie von der Erde kennen, existiert nicht mehr. Auch gibt es nicht Nacht und Tag oder wiederkehrende Jahreszeiten. "Denn die himmlische Sonne scheint immer." Die Früchte an den Bäumen müssen nicht erst reif werden, denn "sie sind immer in vollkommenem Zustand vorhanden." Von Edwin, seinem Begleiter, lernt er, wie er mittels Gedankenkraft seine Kleidung verändern kann. Mit ihm, der ihm alles zeigen möchte, und einer Neuangekommenen namens Ruth besuchen sie die *Halle der Erholung*. Diese ist im griechischen Stil aus weißem Gestein erbaut und wird von oben durch ein blaues Licht erhellt, welches das ganze Gebäude durchflutet. Hier gibt es zwei Abteilungen, in denen viele Betten stehen, worauf Neuangekommene noch ruhen. Denn es handelt sich einmal um solche, die eine langwierige Krankheit auf Erden bis zum Tode zu erdulden hatten, und einmal um solche, die durch einen plötzlichen Tod ihr Lebensende fanden. Sie werden liebevoll betreut, bis sie sich an die neuen hier herrschenden Schwingungsfrequenzen und das veränderte Dasein gewöhnt haben. Vor dem prachtvollen Gebäude warten ihre Angehörigen, um sie mit Freude zu empfangen, sobald sie gesundet sind. Und nachdem Edwin den beiden beigebracht hat, wie man mittels der Gedankenkraft selbst größere Distanzen überbrücken kann und dabei trotzdem die Stimme des Zurückgebliebenen genau vernehmen kann, beschließen sie, eine Stadtbesichtigung zu unternehmen.

Robert beschreibt die Stadt mit ihren großartigen Gärten, Teichen, himmlischen Düften und prächtigen Gebäuden und fügt hinzu: "Ich hatte keine Ahnung, dass eine Stadt ewiger Schönheit von einer irdischen Stadt so weit entfernt ist wie das Tageslicht von der schwarzen Nacht." Und dann betreten sie die große *Halle der Künste*, die der Malerei gewidmet ist. Hier hängen an den Wänden alle großen Gemälde der uns bekannten Maler aller Zeiten. Während, wie Edwin erklärt, hier die Originale hängen, sind jene auf Erden in Wirklichkeit nur ihre Kopien, die dem Künstler eingegeben worden sind. Und alle diese Bilder scheinen in ihrer Dreidimensionalität lebendig zu sein. Und in einigen Räumen kann man Kunsthistorikern lauschen, die diese Bilder erklären.

Die drei begeben sich daraufhin in *die Halle der Literatur*. Hier stehen in den Fächern Abertausende von Geschichtsbüchern, und zwar nicht Kopien von irdischen Ausgaben, sondern Darstellungen, was historisch wirklich geschah samt den ganzen inneren und äußeren Zusammenhängen. Diese Bücher sind unverfälschte Dokumente. Endlich kann man hier die historischen Wahrheiten finden samt den Hintergründen, warum Kriege stattfanden. Und Robert liest nun auch in den Büchern der Kirchengeschichte, dass Päpste im Namen Gottes schlimmste Verbrechen auszuüben befahlen, vor allem Ketzer- und Hexenverbrennungen. Und in der geistigen Welt vertiefen sich fast alle Wissensbegierigen in diesen Bibliotheken oft in Bücher, um geschichtliche Wahrheiten zu erfahren.

Alsdann besuchen die drei *die Halle der Musik*. Neben der Instrumentenhalle und der großen Musikbibliothek kann man hier die Kompositionen aller großen Musiker anhören - und zwar im Original, wie es im Jenseits komponiert worden war, bevor es den Komponisten auf Erden auf medialem Wege durchgegeben wurde. Doch wenn diese in die geistige Welt zurückgekommen, vergleichen sie noch einmal das jenseitige Original mit den von ihnen auf Erden niedergeschriebenen Noten und erkennen eventuell, wo sie einiges ungenau niedergeschrieben hatten. Hinter diesem großen Gebäude ist am Ende einer weitläufigen Wiesenfläche ein großes Amphitheater gebaut, das mehreren tausend Zuhörern Platz bietet. Denn hier werden die größeren musikalischen Aufführungen dargeboten. Robert mit seinen Begleitern setzt sich in einiger Entfernung auf dem Rasen nieder und hört jeden Klang trotz der Entfernung so klar, als ob sie unten im Theaterrund säßen. Und nun entdecken sie, dass alle musikalischen Klänge Farbsäulen nach oben entstehen lassen, so dass man die Harmonien der musikalischen Klänge auch in ihrer optischen Harmonie voll verstehen und bewundern kann.

Und schließlich besichtigen sie zu dritt *die Halle der Wissenschaft*. Hier sind viele Forscher dabei, neue Dinge, vor allem technischer Art, für die Erde zu erfinden. Aber diese werden "Erfindern" auf Erden erst durchgegeben, wenn die Menschheit dafür bereit ist. Und trotzdem wird hier bedauert, dass mit diesen durchgegeben Erfindungen Unheilvolles geschieht. In der geistigen Welt bedarf es keiner eigenen technischen Erfindung, denn man kann alles allein mit der Vorstellungskraft erschaffen. Der materielle Fortschritt auf Erden muss mit dem geistigen Fortschritt Hand in Hand gehen, um segensreich für die Menschheit zu wirken.

Robert besucht mir seinen zwei Begleitern nun auch den finsteren Bereich des Jenseits, wo jeder, der die Liebe nie oder selten auf Erden gelebt hat, nach seinem Übergang zuerst hingeleitet wird, um allmählich - nachdem er seine Selbstsucht, Habgier, den Hass, Betrügereien, Diebstahl und dergleichen mehr erkannt hat - zu Reueempfindungen zu gelangen, um allmählich ebenfalls zu jener wundervollen Ebene zu kommen, auf der Robert angekommen ist. Um in die tiefen Ebenen zu gelangen, gleitet man durch Nebelwände, hinter denen sich Kältegefühle einstellen. Die Landschaft ist schroff und karg, und die dort Verweilenden gehen oft noch mit grimmigen Gesichtern umher. Robert sagt, dass es keinen Teufel gibt, wie die katholische Kirche ihn erdacht hat, obwohl viele Menschen auf Erden sich teuflisch betragen. *(Aber du wirst bei deinem vorausgegangenen Übergang sicherlich nicht dorthin geführt worden sein, denn dann wäre deine Seele bestimmt noch zu eingeengt gewesen, was sich eventuell noch in diesem Leben auswirken könnte. Und dann hättest du auch diese CD samt Buch sicherlich nicht erstanden. Somit bist du nach meiner Einschätzung wie Robert in diese Sommerlandregion gekommen, wie die meisten der auf Erden Verschiedenen. Aber vielleicht hast du dir auch jene dunklen Sphären besuchsweise angesehen.)*

In dieser geistigen Welt gibt es auch Flüsse, Seen und sogar Meere. Die drei besuchen solch ein Meer, auf dem sich Boote und Schiffe bewegen, und lassen sich von einem Kapitän auf eine Insel bringen, um dieses so andere Gefühl einer jenseitigen Schifffahrt zu erleben. Sie steigen auf einer Insel aus, wo nur Vögel leben. Und nach ihrer Rückkehr nehmen sie unter einem großen goldenem Tempeldach mit vielen Versammelten an dem Vortrag einer ganz hohen Wesenheit teil. Und Robert fühlt angesichts dieser Erscheinung, dass er noch ganz unten auf der Leiter der geistigen Evolution steht. *(Das wird wohl uns allen so ergehen, wenn wir zum Beispiel Jesus auf einmal vor uns stehen sehen.)* Ebenso wie die Zeit ist der Raum auch beliebig ausdehnbar, und wenn zum Beispiel bei einem Krieg Hunderttausende auf einmal zu Tode kamen, könnte für alle ein neues Gelände für Häuser und anderes gedanklich erschaffen werden. Raum und Zeit sind nicht an Begrenzungen gebunden. *(So könnte jemand im Jenseits glauben, dass er vor seiner Wiedergeburt sicherlich erst einige Erdentage in der geistigen Welt war, während auf der Erde aber schon zwanzig Jahre verflossen sind. Oder umgekehrt könnte er meinen, nach irdischer Zeitrechnung schon viele Jahre im Jenseits verbracht zu haben, während bis zur Wiedergeburt erst ein Jahr verstrichen ist.)*

In der jenseitigen Welt nehmen wir mit der Zeit unser optimales Alter an, in welchem wir uns auf Erden am wohlsten gefühlt haben. Jene, die im hohen Alter verstorben sind, nehmen oft die Gestalt an, die sie zwischen zwanzig und dreißig hatten. Und Kinder wie auch jung Verstobene wachsen genau wie auf der Erde zum Erwachsenenalter heran. Meistens haben wir nach dem Wechsel in die geistige Welt noch unsere von der Erde her bekannten Kleidungsstücke an, in tadellosem Zustand. Aber mit der Zeit wollen wir ebenfalls jene schönen Gewänder, die bei jedem bis auf den Boden reichen, tragen. Und je höher wir in unserer geistigen Liebesentwicklung hinaufsteigen, umso prächtiger werden unsere

Kleidungsstücke. Die meisten tragen Sandalen oder bevorzugen es, barfuß einherzugehen.

Bei einem Spaziergang in den "himmlischen Kindergarten" entdecken sie zwischen den Bäumen kleine Hütten, wie man sie in irdischen Kinderbüchern als drollige Wohnungen von Zwergen gezeichnet hat. Die Kinder spielen miteinander oder sitzen auf der Wiese, wo ein Lehrer ihnen etwas vorliest oder sie in Pflanzenkunde und Botanik unterweist. Kinder bleiben altersmäßig unter sich. Eltern, die ein Kind verloren haben, können diese in ihren Träumen besuchen und ihr Wachstum dort mitbekommen. Und wenn sie selbst in die jenseitige Welt kommen, werden sie ihre ehemaligen Kinder, die nun groß geworden sind, leicht wiedererkennen. Viele, die auf Erden keine Kinder bekommen konnten, werden hier sicherlich Kinder mit Freude betreuen wollen. In dieser höher schwingenden Welt kann jeder seinen Beruf, dem er auf Erden nachkam, weiterhin ausüben. So könnten hier ehemalige Instrumentenbauer weiterhin ihrem Beruf nachgehen. Ärzte lernen, wie man Krankheiten auf Erden mildern oder auflösen kann, und geben ihre Entdeckungen an Ärzte auf Erden weiter. Und jenseitige Operateure führen oft die Hände der Chirurgen, ohne dass der Betreffende es merkt. Und nach einiger Zeit der Betätigung und der Perfektionierung des irdischen Handwerks mag man sich anderen Interessen zuwenden, wo man sich ebenfalls schöpferisch betätigen kann. Langeweile kennt man hier nicht.

Als die drei in Roberts schönem Gartenhaus sitzen, wo Ruth auf seinem Klavier spielt, nähern sich plötzlich zwei hohe, in weißblaue und goldene Gewänder gekleidete Würdenträger, ein Chaldäer und ein Ägypter, die sie schon bei dem Besuch des höchsten Regenten bei einer großen Veranstaltung gesehen haben. Diese teilen ihnen zu ihrer Freude mit, dass der Regent der höchsten Himmelsebene sie zu einem Besuch bei sich einlädt. Die drei haben bisher, von einem kurzen Besuch in den dunklen Sphären abgesehen, nur ihre eigene Sphäre der so überaus schönen Welt gründlich kennengelernt. Man kann jedoch nicht einfach die höhere Sphäre besuchen, es sei denn, man hat sich durch seine spirituelle Entwicklung und Liebeserhöhung dazu befähigt. Aber die beiden Besucher meinen, dass, wenn sie sie begleiten und ihnen eine höhere Schwingung zuteilwerden lassen, es dann möglich sei, sie im Nu in die höhere Daseinsebene der jenseitigen Welt zu führen. Alsdann breitet der Chaldäer über die drei Nebeneinanderstehenden seinen Mantel aus, und auf einmal sind sie auf jener Ebene, die noch viele Male schöner ist als die ihnen bekannte. Hier scheinen die Gebäude mit Edelsteinen der herrlichsten Art ausgestattet zu sein, während farbige Lichteinflutungen alles wie in ein Fantasiemärchen zu tauchen scheinen. Als sie in den Raum eintreten, erhebt sich der mit goldglänzendem Haar versehene höchste Würdenträger und begrüßt seine Besucher aufs Herzlichste. Es wird dann auch viel gelacht, denn das Lachen begleitet alle Personen aus dem Sommerland und auch in diesen hohen Daseinsebenen. Dieser hohe Gastgeber erklärt den drei, warum er sie eingeladen hat - damit sie nicht nur das eine Extrem, also die dunklen Ebenen, kennenlernen, sondern auch das Gegenteil. Und zum Abschied dieses kurzen Besuches, denn die Aufenthaltsdauer ist nun abgelaufen, wird ihnen versichert, dass alle Seelen einmal in diese höchste Ebene der geistigen Welt gelangen, selbst wenn es sehr, sehr lange dauern sollte, bis sie sich durch ihre Liebeserhöhung dazu qualifiziert haben.

Mit diesen wenigen auserwählten Begebenheiten, die Robert erlebte, möchte ich dir empfehlen, das ganze Buch zu lesen. Du wirst aus dem Staunen nicht herauskommen. Er vergleicht anschaulich die jenseitige Beschaffenheit mit der irdischen, so dass man von dem Jenseits eine sehr gute Vorstellung bekommt. Und Anthony Borgia hat von Robert noch ein zweites Buch diktiert bekommen, das den Titel trägt *Begegnungen in der unsichtbaren Welt* (siehe Literaturverzeichnis).

Warum, wohin und zu wem wollen wir reinkarnieren?

Etwa jedes zehnte Kind, das über sein vorausgegangenes Leben spricht, erinnert sich an das Jenseits. Auch die weiteren Hinweise übernehme ich aus dem Buch *Life Before Life* (S. 166 ff., siehe Literaturverzeichnis) von Jim B. Tucker, einem Professor der Medizin und Reinkarnationsforscher, der Professor *Ian Stevensons* Werk mit anderen Forschern fortführt. Ein kleiner Junge sagte zu seiner Mutter: "Mama, in der anderen Welt wird man nicht krank." Und als sie zurückfragte, was er damit meine, wiederholte er seine Aussage, indem er entgegnete: "Es ist die Welt, wo ich darauf wartete, wiedergeboren zu werden. Leute werden dort nicht krank. Sie sind einfach glücklich und niemals krank." Später fügte er noch hinzu, dass er auch bei ihrer Hochzeit alles miterlebt hätte, und er beschrieb Einzelheiten, die erst später als richtig überprüft werden konnten.

Wie wir sehen, haben viele ihre Eltern schon ausgesucht und warten, bis sie endlich heiraten und dass dann die Mutter schwanger wird, um das Kind auszutragen.

Weiter führt Professor Tucker an, dass von den rund tausend untersuchten Wiedergeburtsfällen etwa zwanzig Prozent in derselben Familie wiedergeboren worden sind, und sechs Prozent erblickten im erweiterten Familienkreis oder in der Nachbarschaft erneut das Licht der Welt. Etwa zehn Prozent kamen bei einer Mutter zur Welt, die sie aus anderen früherem Leben schon kannten, während etwa die Hälfte der Neugeborenen in anderen Familien, sei es im Inland oder Ausland, reinkarnieren. Bei den Restlichen waren keine klaren Aussagen zu ermitteln.

Interessant ist, dass etwa zehn Prozent der Wiedergeborenen über das Geschehen ihrer vormaligen Beerdigung genau berichten konnten. Einige Kinder erzählten, dass sie Verwandte im Jenseits wiedertrafen, und nannten deren Namen, die sie selbst auf Erden nicht kannten. Disna, ein kleines Mädchen aus Sri Lanka, beschrieb ihr Leben als alte Frau. Als sie starb und ihr Körper begraben war, flog sie nach oben. Sie erzählte, dass sie dort eine sehr nobel gekleidete Person traf, wie ein König, deren Palast sie beschrieb. Und sie berichtete weiterhin, dass sie, wenn sie Hunger verspürte, einfach nur an etwas Essbares zu denken brauchte - und schon war es da. Doch mit einem Mal war sie gesättigt, ohne einen Bissen davon genossen zu haben.

Viele Kinder bringen Geburtsmale mit in das neue Leben, vor allem an solchen Körperstellen, an denen ihnen vormals Gewalt angetan worden war, sei es eine Stichwunde, deren Narbe man noch erkennen kann, oder seien es abgetrennte Körperteile wie Finger, Beine und dergleichen, so dass heute Kinder zur Welt kommen mit fehlenden Gliedern. Professor Stevenson hat darüber ausführlich in seinem Buch *Reinkarnationsbeweise* geschrieben (siehe Literaturverzeichnis). Einige seiner Beispiele mit Abbildungen habe ich in mein Buch *Ich habe schon mal gelebt. Kinder beweisen ihre Wiedergeburt* integriert. Dieses Buch ist mit großem Interesse in Amerika - da in Magazinen besprochen - angenommen worden, so dass ein Hollywoodregisseur plant, daraus die ein oder andere Erinnerung Wiedergeborener filmisch darzustellen. Doch jener Fall eines Jungen aus Nordisrael erregte besondere Aufmerksamkeit. Hier will ich diesen Fall nochmals kurz wiedergeben.

Mein israelischer Freund Professor Eli Lasch war ein bekannter Mediziner und interessierte sich auch für die Reinkarnation und Rückführungstherapie. Im Norden Israels wohnen die Drusen, die auch an die Reinkarnation glauben. Ein Dreijähriger mit einer großen Narbe über der Stirn berichtete, als Bauer von einem Nachbarn mit einer Axt erschlagen worden zu sein. Da er behauptete, die Stelle zeigen zu können, wo er erschlagen und dann verscharrt worden war, bildete man ein Team von Journalisten und Reinkarnationsforschern, dem sich auch mein Freund anschließen durfte. Und der Junge führte sie abseits eines Dorfes zu einem Feld und wies auf eine Stelle, wo sein Körper zu finden sei. Man grub dort und fand tatsächlich das Gerippe und die vermoderten Kleidungsstücke des damals Vermissten. Und unter den Umstehenden deutete er auf einen Mann und sagte: "Du hast mich hier erschlagen." Dieser gestand seine Tat. Und der Junge sagte, dass er nach seinem Tod alles aus der Höhe weiterverfolgte und beobachtete, wo der Mörder die Tatwaffe vergraben hatte. Auch diese wurde gefunden.

Kinder, die in einer Familie aufwachsen, zu der sie wider besseren Wissens überredet worden waren, um dort zu inkarnieren, fühlen sich dort nie richtig zu Hause. Aus höherer Sicht war es jedoch angebracht, bei der Familie oder der früheren Mutter etwas wiedergutzumachen. Aber dieser Prozess der Versöhnung kann vielleicht erst im fortgeschrittenen Leben, zum Beispiel am Totenbett, stattfinden, wo man sich gegenseitig vergibt und umarmt. Ein Junge, der beobachtet, wie seine Mutter um seinen Tod trauert, bittet darum, bei ihr so schnell wie möglich wiedergeboren zu werden. Wenn das werdende Kind im Mutterleib fühlt, dass die Mutter seelisch oder anderer Umstände wegen noch nicht bereit ist, ein Kind auszutragen, mag es, so es noch Einfluss darauf hat, sich doch anders besinnen und darum bitten, noch nicht durch sie zur Welt zu kommen. Entweder wird dann dem Wunsch von höherer Seite nachgegeben oder aber die Seele im Fötus drängt die Mutter, ihn abtreiben zu wollen. Die Mutter kommt diesen eindringlichen Einflüsterungen nach und lässt das Kind abortieren. Späterhin in ihrem Leben mag sie sich schuldig dafür fühlen. Doch wenn sie wüsste, dass das die Entscheidung der Seele in ihrem Leib war, dann würde sie verstehen und die Abtreibung frei von Schuldgefühlen akzeptieren.

Wie Professor H. N. Banerjee in seinem Buch *Lives Unlimited* (siehe Literaturverzeichnis) berichtet, ist es bei den Tinglit-Indianern Ostkanadas üblich, dass man Verstorbenen Markierungen gleich nach dem Tod am Körper einritzt. Denn sollten solche Einkerbungen bei einem Wiedergeborenen erkennbar sein, weiß man sofort, wer in die Familie oder in der Nachbarschaft wiedergeboren ist. Und er berichtet von einem solchen Fall. Ein Fischer sagt zu seinem Sohn: "Schau auf meine Wunden. Ich werde als dein Sohn wiedergeboren, und an diesen Wundmalen wirst du erkennen, dass ich dein Vater war." Und tatsächlich erkannte sein Sohn bei seinem neugeborenen Sohn genau an jenen bezeichneten Stellen die Male seines Vaters.

Worin unterscheiden sich Nahtoderlebnisse von jenseitigen Reinkarnationserlebnissen?

In meinem Buch *Hab keine Angst vor dem Tod. Was die wissenschaftliche Forschung herausgefunden hat* (siehe Literaturverzeichnis) habe ich einen Einblick in die Forschung zum klinischen Tod gegeben. Es gibt über hunderttausend gesammelte Aussagen von Leuten, die nach ihrem Atem-, Puls- und Herzstillstand und dem Stillstehen der Gehirnfrequenzen für einige Minuten als tot galten. Und zum Erstaunen der Ärzte, sei es durch Reanimierungen oder von allein, regten sie sich wieder. Meist erst später im Krankenbett oder noch viel später auf Befragung hin berichteten sie, was sie während ihres klinischen Todes erlebt hatten. Und das war oft sehr, sehr viel an Erlebnissen, obwohl ihr Herz nur drei Minuten zu schlagen aufgehört hatte. Sie waren also in jenem "no-time"-Zustand (im Raum der Zeitlosigkeit), wie man diesen auch im Jenseits erfährt.

Meistens sahen sie sich über der Stelle, wo sie aus dem Körper getreten waren - sei es am Unfallort oder auf dem Operationstisch oder wo auch immer - und konnten alles beobachten, ja noch viel mehr: Sie konnten alles in einem Radius von 360 Grad zugleich wahrnehmen, alle Stimmen und andere Geräusche deutlich hören.

Sie fühlten dabei keine der dem irdischen Körper zugefügten Schmerzen. Der Arzt hatte ihn vielleicht schon für tot erklärt und es den Beistehenden verkündet. Späterhin konnte der wieder ins Hier und Jetzt Zurückgekehrte all die Worte wiederholen. Die meisten bleiben in diesem ersten von drei zu erlebenden Zuständen.

Die zweite Phase wurde von vielen folgendermaßen erlebt: Sie befinden sich in einem Tunnel. Ganz oben erscheint ein Licht, auf das sie sich mit großer Geschwindigkeit zubewegen. Sie spüren meistens, dass jemand Unsichtbares bei ihnen ist, so dass sie keinerlei Ängste haben. Und hier kann es schon sein, dass sie einen Rückblick über ihr ganzes bisheriges Leben haben - vom Kindsein bis zu ihrem jetzigen Alter. Sie sehen Szenen, in denen sie anderen Gutes oder Liebevolles erwiesen haben, aber auch solche Szenen, in denen sie anderen durch Worte oder Taten wehtaten. Dabei fühlen sie ihre damaligen eigenen Gefühle und zugleich auch die Gefühle des anderen, dem sie Lieblosigkeiten zugefügt haben, denn sie scheinen auf einmal in den anderen hineinversetzt zu sein und alles so zu empfinden, als ob sie der andere wären. Und einige kehren nach diesem Tunnelerlebnis in den Wachzustand zurück.

Doch weniger als zehn Prozent von allen klinisch Toten erreichen den dritten Zustand, in dem sie am Ende des Tunnels ankommen, an dem sie sich auf einmal im Licht befinden. Hier werden sie von ihren vor ihnen verstorbenen Nahestehenden freudig begrüßt. Man unterhält sich und zeigt dem neu Eingetroffenen anlässlich eines kurzen Rundgangs oder Rundflugs auch die Schönheiten der jenseitigen Welt. Und wenn der Lebensrückblick noch nicht bei der Tunneldurchquerung erfolgte, wird dieser jetzt meist durch den Geistführer nachgeholt. Nun erkennt man, worauf es im Leben ankommt: in allem liebevoll zu sein, besonders mit Personen, ob in der Familie, im Freundeskreis oder am Arbeitsplatz. Und man mag ihn vor die Wahl stellen, ob er jetzt hier bleiben oder in seinen Erdenkörper zurückkehren möchte, da er sich ja vor seiner Inkarnation einen Lebensplan gemacht habe, was er alles erfahren und erreichen wollte. Und aus dieser Perspektive heraus entscheidet sich der klinisch Tote, sich wieder zurück ins Erdenleben zu begeben, wo er auf einmal wieder die Augen aufschlägt.

Diese Erlebnisse bewirken bei den Zurückgekehrten eine völlig neue Einstellung zum Leben. Sie wissen nun, worauf es im Erdenleben ankommt, nämlich in allem ganz Liebe zu werden, sich selbst und natürlich auch allen anderen gegenüber. Sie haben diese Todeserfahrung machen dürfen, um sich bewusst machen zu dürfen, worauf es im Leben ankommt. Sie haben anderen gegenüber den Vorteil dieser Erkenntnis, die jedoch bei den Wiedergeborenen späterhin vielleicht nur im Unterbewusstsein noch mitschwingt, jedoch in ihrem Bewusstsein ausgelöscht zu sein scheint. Ich habe darüber ein Drama geschrieben mit dem Titel *Wenn ich doch nur wüsste, warum* (www.trutzhardo/Publikationen.de). Ein rücksichtsloser Ehemann und Vater wird durch sein Nahtoderlebnis zu einem liebevollen Familienvater und sogar zu einem barmherzigen Samariter, der den Armen hilfreich zur Seite steht. Ja, wenn wir nur wüssten, worum es in unseren vielen Leben geht. Aber du, lieber Leser, weißt es jetzt. Es geht darum, sich von allen Lieblosigkeiten zu befreien und im Inneren und Äußeren ganz Liebe zu werden.

Es mag sein, dass du beim mehrmaligen Anhören der CD so viel an Eindrücken aus dem Jenseits gewonnen hast und auch so viel über die Liebe erfahren konntest, dass sich dein Leben auf einmal wandelt. Du willst jetzt immer mehr Liebe werden, sie sich in dir ausbreiten und sie auch nach außen fließen lassen. Und somit hoffe ich, dass diese CD dir ein besonderes Geschenk war. Ich liebe dich, wer immer du bist.

Dein Bruder Trutz Hardo.

(In mir ertönt der Chor aus der neunten Symphonie von Beethoven: "Freude schöner Götterfunken ... Alle Menschen werden Brüder, wo dein sanfter Flügel weilt." Und was ist wohl der sanfte Flügel? Das Wort fängt mit "L" an.)

Geschrieben in Bangalore/Indien, Januar/Februar 2016

Literaturverzeichnis

H. N. Banerjee: *Lives Unlimited*, New York 1976

Anthony Borgia: *Begegnungen in der unsichtbaren Welt*, Güllesheim 2005

Anthony Borgia: Das *Leben in der unsichtbaren Welt* (6. Auflage), Güllesheim 2009

Trutz Hardo: *Ich hab schon mal gelebt. Kinder beweisen ihre Wiedergeburt*, Güllesheim 2009

Trutz Hardo: *Habt keine Angst vor dem Tod. Was die wissenschaftliche Forschung herausgefunden hat,* Güllesheim 2013

Trutz Hardo: *Das große Handbuch der Reinkarnation. Heilung durch Rückführung* (6. Auflage), Güllesheim 2017

Trutz Hardo: *Das große Liebesspiel. Von der Lieblosigkeit zur Liebe*, Güllesheim 2017

Ian Stevenson: *Reinkarnationsbeweise*, Grafing 1998

Jim B. Tucker: *Life Before Life*, New York 2006

James van Praagh: *Abenteuer der Seele*, München 2015, S. 99 ff.

James van Praagh: *Jenseitswelten*, München 2002, S. 70 ff.

Francisco Candido Xavier: *Nosso Lar. Eine spirituelle Heimat*, Brasilia 2008

Über den Autor

Trutz Hardo ist einer der bekanntesten spirituellen Autoren Deutschlands. In seinen Büchern und Seminaren hilft er Menschen auf ihrem Weg zur spirituellen Bewusstseinserweiterung. Er ist außerdem ein vielbeschäftigter Redner und Interviewpartner rund um Fragen zu Esoterik und Lebenshilfe.

Videos und mehr Informationen zu seinen Publikationen sind zu finden auf:

www.trutzhardo.de

Weiterführende Informationen zu
Büchern, Autoren und den Aktivitäten
des Silberschnur Verlages erhalten Sie unter:
www.silberschnur.de

Natürlich können Sie uns auch gerne den
Antwort-Coupon aus dem beiliegenden
Lesezeichenflyer zusenden.

Ihr Interesse wird belohnt!

144 Seiten, inkl. CD, broschiert
ISBN 978-3-89845-314-1
€ [D] 16,95

Trutz Hardo

Fit für ein spirituelles Leben

Ein kompakter und doch umfassender Ratgeber für alle, die nach dem Sinn des Lebens fragen und ergründen wollen, warum sie auf dieser Welt sind, was der Sinn ihres Lebens und des irdischen Daseins überhaupt ist.
Sie haben sich vorgenommen, sich auf Erden für höhere Wahrheiten zu öffnen und immer mehr den Sinn des Lebens ergründen zu wollen. Dieses Buch beschäftigt sich mit dem Wesen von Spiritualität, der jenseitigen Welt und der Rückführungstherapie mit ihren Wirkungsmöglichkeiten.
Die beiliegende CD mit drei Meditationen ist eine wertvolle Ergänzung zum Buch und hilft Ihnen auf dem Weg zu einem erfüllteren sowie harmonischeren Leben.

392 Seiten, Flexocover
ISBN 978-3-89845-447-6
€ [D] 19,95

Trutz Hardo

Frei von Ängsten und Phobien

Ursachen aufdecken und auflösen
Rückführung als neuer Weg in der Angsttherapie

Ängste und Phobien, die den Alltag vieler Menschen belasten, zu lösen – das versuchen Therapeuten häufig mit nur bedingtem Erfolg. Der erfahrene Rückführungstherapeut Trutz Hardo deckt die eigentlichen Ursachen der Ängste auf, die meistens in früheren Leben zu finden sind. Mit seiner Methode der Angsttherapie werden die Ängste und Phobien im Kern aufgelöst. Dabei geht er auf nahezu alle bekannten Angststörungen ein und zeigt, dass es möglich ist, sich durch das Auflösen der Ursachen schnell und wirkungsvoll von ihnen zu befreien und sich für immer von seinen Ängsten zu verabschieden.

192 Seiten, broschiert
ISBN 978-3-89845-524-4
€ [D] 14,95

Trutz Hardo

Das Phänomen des Zufalls

Die Signale des Lebens entschlüsselt

Sicherlich sind Sie auch schon über Zufälle gestolpert und haben sich gefragt, ob das wirklich ein Zufall war.
Trutz Hardo erforscht das Phänomen des Zufalls und deckt die Ursachen scheinbar zufälliger Begebenheiten auf, indem er zeigt, warum es Zufälle schlicht nicht gibt.
Doch eine Frage bleibt offen: Wer zieht im Hintergrund die Fäden und warum geschehen diese "zufälligen" Ereignisse?
Gehen Sie mit Trutz Hardo auf eine spannende Entdeckungsreise ...

480 Seiten, gebunden
ISBN 978-3-89845-332-5
€ [D] 29,90

Trutz Hardo

Das große Handbuch der Reinkarnation

Heilung durch Rückführung

Viele seelische Probleme und Krankheiten haben ihre Ursache in einem früheren Leben. Deckt man sie in einer Rückführungstherapie auf, wird sehr häufig Heilung erreicht.
Der bekannteste Rückführungsexperte Deutschlands, Trutz Hardo zeigt, wie man sich selbst und andere in frühere Leben zurückführen kann, um die Ursachen dieser Blockaden aufzudecken und zu lösen. Er hat seinen Klassiker der Rückführungstherapie ergänzt und überarbeitet und zeigt, was die Therapie vermag, wie sie durchgeführt wird und wie der Mensch dank ihrer Hilfe ganzheitlich geheilt wird.

208 Seiten, broschiert
ISBN 978-3-89845-283-0
€ [D] 14,90

Trutz Hardo

Entdecke deine früheren Leben

Immer wieder gibt es Situationen, die uns bekannt vorkommen, doch wie lassen sich diese Déjà-vu-Phänomene erklären? Trutz Hardo erläutert, wie wir uns mit Rückführung daran erinnern und die Ursachen von einschneidenden Erlebnissen durchleuchten können. So verstehen wir uns selbst und die Herausforderungen des heutigen Lebens besser. Lassen Sie sich das größte Abenteuer Ihrer Seele nicht entgehen!

Doppel-CD · je 70 Minuten, 36 Seiten Anleitung
ISBN 978-3-931652-28-9
€ [D] 36,80

Trutz Hardo

Erfahre Deine früheren Leben

Zum ersten Mal begleitet Sie Deutschlands bekanntester Rückführungsexperte auf 2 CDs in Ihre früheren Leben.
Mit einer Count-Down-Entspannungsmethode wird der Hörer in den Alphazustand versetzt, in welchem es möglich ist, gefahrlos über das Unterbewusstsein frühere Leben wiederzuerleben.

240 Seiten, broschiert
ISBN 978-3-89845-352-3
€ [D] 14,90

Trutz Hardo

Wiedergeburt – Die Beweise

... und die Bedeutung für ein neues Bewusstsein

Trutz Hardo berichtet hier von 39 interessanten Reinkarnationsfällen aus den verschiedensten Teilen der Welt, die die Tatsache, dass wir wiedergeboren werden, stichhaltig belegen. Neben den Forschungsergebnissen des kanadischen Psychiaters Ian Stevenson, die hauptsächlich aus Reinkarnationsbeweisen von Kindern resultieren, liefert Trutz Hardo auch überzeugende Beweise, die von Erwachsenen erbracht worden sind. Diese Fälle zeigen: Es gibt keinen Zweifel mehr an der Wiedergeburt – die Reinkarnation ist endgültig bewiesen.

268 Seiten, broschiert
ISBN 978-3-923781-03-4
€ [D] 14,90

Anthony Borgia

Das Leben in der unsichtbaren Welt

Durch die Berichte von Raymond Moody und Elisabeth Kübler-Ross durften wir bereits einen kurzen Blick hinter den Schleier werfen. Hier liefert ein englisches Medium tatsächlich exakte und umfassende Beschreibungen der jenseitigen Welt und der Geschehnisse, die uns dort erwarten:

- der Übergang in die geistige Welt
- das Leben dort
- die verschiedenen Ebenen der höheren Dimensionen.

Dieses Buch ist ein Meilenstein in der Beschreibung der jenseitigen Welten. Die hier beschriebenen, beispiellosen Erfahrungen animieren jeden dazu, sein irdisches Leben in Zukunft aus einer gänzlich anderen Perspektive wahrzunehmen.

240 Seiten, broschiert
ISBN 978-3-89845-520-6
€ [D] 14,95

Anthony Borgia

Begegnungen in der unsichtbaren Welt

Wie sieht es im Jenseits aus? Niemand kann diese Frage so gut beantworten wie jemand, der dort lebt. Durch das Medium Anthony Borgia lässt der Verstorbene Robert Hugh Benson uns teilhaben an seinem Leben in der jenseitigen Welt. Benson geleitet uns in diese neue, uns unbekannte Welt und gibt uns intime Einblicke in das Wesen des Jenseits und das Leben nach dem Tod.
Ein unschätzbar wertvolles Buch, das uns auf unser größtes Abenteuer – die Reise in das geheimnisvolle Reich jenseits dieser Welt – vorbereitet.

128 Seiten, gebunden
ISBN 978-3-89845-365-3
€ [D] 12,95

Elisabeth Kübler-Ross

Über den Tod und das Leben danach

»Ich glaube, es ist jetzt Zeit, dass die Leute wissen, dass der Tod gar nicht existiert, wenigstens nicht so, wie wir uns das vorstellen.«
Die Schweizer Ärztin Dr. Elisabeth Kubler-Ross wurde für ihre wissenschaftlichen Arbeiten von mehreren Universitäten mit einem Ehrendoktortitel ausgezeichnet. Die Sterbeforschung hat durch ihre Bücher an besonderer Aktualität gewonnen, wie auch in der Sterbehilfe durch ihre eindringlichen Appelle neue Akzente gesetzt wurden.
»Sterben ist nur ein Umziehen in ein schöneres Haus.«

128 Seiten, durchg. farbig, gebunden
ISBN 978-3-89845-487-2
€ [D] 12,95

Elisabeth Kübler-Ross

Sterben und leben lernen

Antworten über den Tod und das Leben

Die weltberühmte Sterbeforscherin Elisabeth Kübler-Ross nimmt dem Tod seinen Schrecken und zeigt uns, wie wir uns mit dem Sterben anfreunden können.
In einem berührenden Interview gibt sie Antwort auf Fragen zum Umgang mit Sterbenden und Angehörigen, zum Verlust eines mir Nahestehenden und zum eigenen Tod.
Ihre einfühlsame Auseinandersetzung mit dem Sterben hilft uns, den Tod als selbstverständlichen Teil des Lebens zu sehen. Hat der Tod erst seinen Schrecken verloren, so können wir befreit und ohne Angst im Hier und Jetzt leben.

320 Seiten, gebunden
ISBN 978-3-89845-113-0
€ [D] 21,90

Johannes Baron von Buttlar-Brandenfels

Trutz Hardo

Supersurfing

Reisen durch Raum und Zeit

Entdecken Sie, wie man Reisen außerhalb seines Körpers und Zeitreisen in vergangene und zukünftige Leben erfolgreich durchführt. Dieses Buch gibt Ihnen die Praxis an die Hand, um die Grenzen von Zeit und Raum durchbrechen zu können und die aufregendsten Abenteuer gefahrlos zu erleben.